# #Nahostkonflikt

Themenheft

**Bearbeitet von**
Steffen Hagemann und
Michael Sauer



Mehr Informationen
www.ccbuchner.de/gwi-hybrid

UpdateCodes

Digitale Aufgabenkästen

C.C.BUCHNER

# #Nahostkonflikt

**Politik und Wirtschaft – Themenhefte und Begleitmaterialien**

Bearbeitet von Steffen Hagemann und Michael Sauer

Zu diesem Lehrwerk ist erhältlich:
- Digitales Lehrermaterial **click & teach** Einzellizenz, WEB-Bestell-Nr. 724711
- Weitere Lizenzformen (Einzellizenz flex, Kollegiumslizenz) und Materialien unter www.ccbuchner.de.

Dieser Titel ist auch als digitale Ausgabe **click & study** unter www.ccbuchner.de erhältlich.

1. Auflage, 1. Druck 2024
Alle Drucke dieser Auflage sind, weil untereinander unverändert, nebeneinander benutzbar.

Dieses Werk folgt der reformierten Rechtschreibung und Zeichensetzung. Ausnahmen bilden Texte, bei denen künstlerische, philologische oder lizenzrechtliche Gründe einer Änderung entgegenstehen.

Auf verschiedenen Seiten dieses Buches finden sich Mediencodes. Sie verweisen auf optionale Unterrichtsmaterialien und Internetadressen (Links), die der Verlag in eigener Verantwortung zur Verfügung stellt. Haftungshinweis: Trotz sorgfältiger inhaltlicher Kontrolle wird die Haftung für die Inhalte externer Seiten ausgeschlossen.



Redaktion: Moritz Philipp
Layout und Satz: tiff.any GmbH & Co. KG, Berlin
Druck und Bindung: Friedrich Pustet GmbH & Co. KG, Regensburg

www.ccbuchner.de

ISBN 978-3-661-**72470**-6

# Inhalt

# Zur Arbeit mit dem Heft

1 **Aufbau der Kapitel**

Jedes Kapitel beginnt mit einer knappen Einführung. Zu Beginn werdet ihr an das jeweilige Thema herangeführt. Im Anschluss an die thematische Hinführung beginnt jedes Kapitel mit einem Einstiegsmaterial und entsprechenden Einstiegsaufgaben. Darauf folgen die Erarbeitungsmaterialien. Die sorgfältig ausgewählten Quellen (Sachinformationstexte, Zeitungsartikel, Bilder, Karikaturen, Grafiken etc.) zeigen unterschiedlichste Perspektiven und vertiefen die zentralen Themenaspekte. Am Ende jedes Kapitels findet ihr den Aufgabenblock mit konkreten Handlungsanweisungen (Operatoren).

2 **Selbstgesteuertes Lernen**

Mit der Rubrik „**Politik Aktiv**" könnt ihr aktiv politische und digitale „Produkte" allein oder in Kleingruppen erstellen. So erarbeitet ihr euch selbstgesteuert Teile eines Kapitels.

3 **Digitale Aufgabenkästen**

Für jeden Aufgabenkasten in diesem Themenheft gibt es einen „digitalen Zwilling". Mithilfe der QR- und Mediencodes in den Kopfzeilen der Aufgabenkästen können alle Aufgaben digital abgerufen werden. Diese digitalen Aufgaben sind identisch mit den jeweiligen Aufgaben im Schulbuch, bieten aber folgenden Mehrwert:

- Digitale interaktive Anwendungen zu den Aufgaben (z. B. Abstimmungen, Wortwolken, Quiz, ...).
- Operatoren- und Methodenkarten werden passend verlinkt.
- Der Hinweis → digitaler Aufgabenkasten verweist auf Zusatzmaterialien, die im jeweiligen digitalen Aufgabenkasten hinterlegt sind.

4 **UpdateCodes**

Grafiken, Statistiken und Tabellen mit dem Icon werden regelmäßig aktualisiert und stehen mithilfe eines QR- und Mediencodes neben der jeweiligen Grafiküberschrift kostenfrei zum Download zur Verfügung. Die Grafiken sind wie folgt konzipiert:

- Unter der Grafiküberschrift findet sich der jeweilige Stand der Grafik-Aktualisierung, z. B. „Stand: 2024". Dieser Stand zeigt immer die letzte Datenüberprüfung an.
- Die Quellenangabe unter der Grafik informiert über den jeweiligen Datenerhebungszeitpunkt.

Weitere Informationen zu den UpdateCodes finden sich im QR- und Mediencode auf Seite 1.

5 **Allgemeine Hinweise**

- Eigens für das Lehrbuch erstellte Zusatzmaterialien können auf der Verlagshomepage (www.ccbuchner.de) kosten- und werbefrei jederzeit abgerufen werden. Mithilfe von Mediencodes können sie entweder direkt (Quick-Response-Code ↔ Smartphone/Tablet) oder über die Eingabe des jeweiligen Mediencodes in das Suchfeld der Verlagshomepage bezogen werden.
- Geschlechtergerechte Sprache: Die Reihe Politik und Wirtschaft – Themenhefte und Begleitmaterialien lebt Vielfalt und Gleichheit unabhängig von Alter, Herkunft, Handicap, sexueller Orientierung, Geschlecht und individueller Identität. Daher wurde auch eine geschlechtergerechte Sprache verwendet. Eine Ausnahme stellen Quellen dar, die in ihrer originalsprachlichen Form belassen wurden. Sie beziehen aber selbstverständlich alle Menschen mit ein.
- Sofern bei Materialien aus dem Internet kein Verfasserdatum ermittelt werden konnte, wird das „Abrufdatum" genannt.
- Die URL/vollständigen Internetadressen aller verwendeten Materialien aus dem Internet können über den nebenstehenden QR- und Mediencode eingesehen werden.

72470-001

Palästinensische Kinder in einer Schule, Westjordanland, Juli 2013

Israelische Schülerinnen und Schüler in einer Grundschule

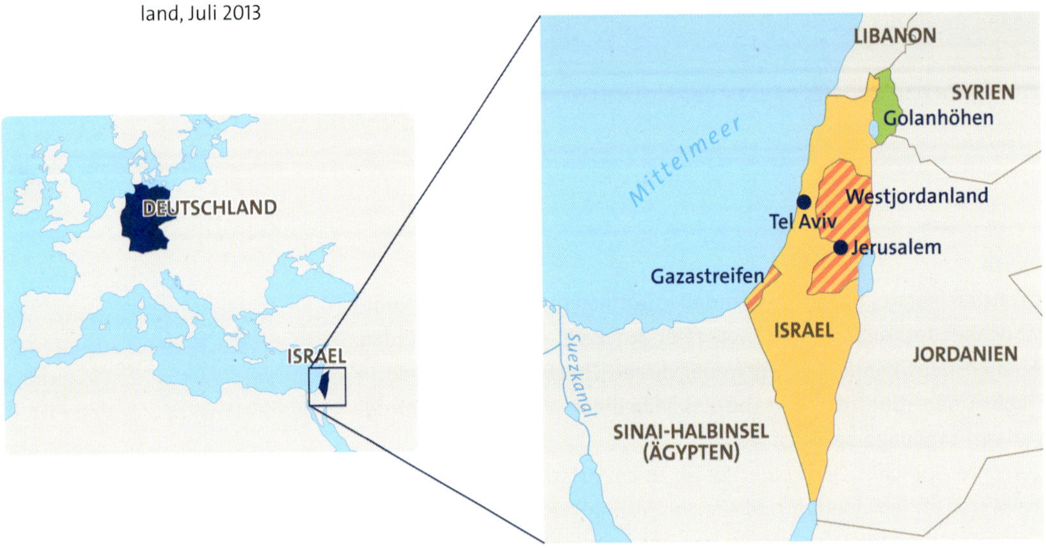



Eine Karte Israels und der Palästinensergebiete

Mitglieder der islamistischen Terrororganisation Hamas bei einer Parade, Gazastreifen, Juli 2023

Einsatz des israelischen Militärs im Gazastreifen gegen die Hamas, Dezember 2023

# Der Nahostkonflikt

Häufig wird in den Medien oder auch in euren sozialen Netzwerken über den sogenannten „Nahostkonflikt" berichtet. In diesem uralten Konflikt streiten Israelis mit Palästinenserinnen und Palästinensern darum, wem welcher Teil von Israel-Palästina gehört und wer dort welche Rechte haben soll. Aber dieser Nahostkonflikt wird nicht nur von Menschen ausgetragen, die selbst im umstrittenen Gebiet leben. Auch in Deutschland, in den arabischen Staaten, in den USA und anderen Teilen der Welt fühlen sich Menschen mit diesem Konflikt und den Konfliktparteien verbunden. Möglicherweise habt ihr auch schon eine eigene Meinung zu diesem Konflikt und eine Vorstellung davon, was ihr für richtig, falsch, gerecht oder ungerecht haltet, was euch traurig macht oder freut.

## Ihr sollt mithilfe dieses Hefts

- ... beschreiben, wie dieser Konflikt entstanden ist und wer die Konfliktparteien sind.
- ... darstellen, welche wichtigen Ereignisse bis heute passiert sind und wie sich die Konfliktparteien an diese Ereignisse erinnern.
- ... erklären, welche Möglichkeiten es für eine friedliche Konfliktregelung gibt und warum er bisher noch nicht beendet wurde.
- ... erläutern, warum gerade in Deutschland der Nahostkonflikt eine große Rolle spielt.

## Aufgaben

72470-002

**„Mein Bild" von Israel/den Israelis – „mein Bild" von Palästina/den Palästinenserinnen und Palästinensern**

1. Beschreibt die Bilder links. Inwiefern entsprechen oder widersprechen diese „eurem Bild" vom Konflikt?
2. Erstellt eine Präsentation zu Israel/Palästina mit Bildern, Texten, Schaubildern, in der ihr wichtige Informationen zum Land und der Bevölkerung (Politik, Wirtschaft, Religion etc.) zusammenfügt.
3. Stellt eure Präsentationen vor und vergleicht diese. Was habt ihr Neues gelernt, was habt ihr vorher schon gewusst?

# 1. Der Nahostkonflikt in den (sozialen) Medien

## Wichtige Informationen oder einseitige Beeinflussung?

In Deutschland wird der Nahostkonflikt vor allem über Medien vermittelt. Kaum jemand hat direkte Erfahrungen und Kenntnisse, weil er/sie schon in Israel/Palästina war oder dort gelebt hat. Schülerinnen und Schüler nutzen vor allem soziale Medien, um sich über den Konflikt zu informieren. Oft wird dabei kritisiert, dass die Beiträge auf TikTok, Instagram oder ähnlichen Plattformen einseitig oder auch falsch informieren und deshalb die Meinung zu stark beeinflussen.

### Einstiegsaufgaben

72470-003

**Auflösung zu Aufgabe 2**

72470-004

1. Beschreibt den Beitrag **M1**. Welche Botschaft soll er vermitteln und welche Emotionen soll er auslösen?
2. Formuliert Hypothesen in der Klasse, ob das Foto echt ist. Begründet eure Aussage.
3. Bezieht Stellung zu **M1**: Ist der Beitrag eher informativ oder beeinflussend?

### M1 Ein Beitrag aus dem Gaza-Krieg 2023 – echt oder falsch?

**Deutsche Übersetzung des Beitrags in M1**
„Eilmeldung: Die israelische Armee kündigt eine bevorstehende Operation im nördlichen Gazastreifen an und fordert die Bewohner zur „Evakuierung" auf, obwohl sie nirgendwo hingehen können!
Betet für Gaza"

Screenshot von CORRECTIV.Faktencheck, Quelle: X

Das linksstehende Bild aus dem Oktober 2023 wurde im Zuge des Gaza-Krieges auf verschiedenen Plattformen (TikTok, Instagram, X) veröffentlicht und hundertausendfach angeklickt. Vorausgegangen war dem Angriff des israelischen Militärs ein Massaker von Hamas-Terroristen gegen die israelische Zivilbevölkerung am 7. Oktober 2023.

## M2 Wie wirken die sozialen Medien im Nahostkonflikt?

Wer von euch kennt das nicht? Erst werden euch bei TikTok Tier- und Tanzvideos vorgeschlagen, und im nächsten Beitrag weint ein kleiner Junge und erzählt von seinen schlimmen Erlebnissen aus Gaza. Ein großer Teil von Jugendlichen informiert sich hauptsächlich über soziale Medien, aktuell am meisten über Instagram oder TikTok. Die Posts beeinflussen die Meinungen von Menschen auf der ganzen Welt mit den darin enthaltenen Informationen, sie lösen aber auch Gefühle wie Wut, Hass und Angst aus.

### Die Rolle der Plattformen

Alle Plattformen sind so programmiert, dass die Nutzenden möglichst lange auf der Webseite oder auf der App bleiben, um hohe Werbeeinnahmen zu erlangen. Deshalb sehen sie bei TikTok beispielsweise nicht nur Beiträge zu Themengebieten, die sie interessieren, sondern auch solche, die bereits vorher viel Aufmerksamkeit und starke Reaktionen ausgelöst haben. Alle Plattformen verstärken Meinungen, die bereits vorher bei den jeweiligen Nutzenden vorhanden waren, andere Sichtweisen erreichen sie kaum. Besonders stark ist die Wirkung auf die eigene Meinung, wenn bekannte Personen (Influencerinnen und Influencer) Beiträge erstellen oder teilen. Ihnen wird oft großes Vertrauen entgegengebracht, unabhängig von deren Sachkenntnis zu einem bestimmten Thema.

### Fake News und KI

Das Besondere an sozialen Medien ist, dass alle Nachrichten produzieren und weiterleiten können. Es gibt keine Redaktion, welche die Beiträge auf Richtigkeit prüft. Somit ist in vielen Fällen unklar, ob sie tatsächlich echt sind oder wie zuverlässig die Quelle ist. Gerade auch künstliche Intelligenz (KI) erleichtert das Produzieren von falschen Nachrichten oder Bildern (Fake News). Insbesondere in Kriegs- und Krisengebieten wird die Arbeit traditioneller Medien erschwert, weil die Arbeit von Journalisten dort gefährlich ist. Damit ist die Öffentlichkeit abhängig von Bildern und Berichten von Personen, die vor Ort sind (Armee oder Zivilbevölkerung). Die Echtheit von Beiträgen lässt sich damit oft nicht unabhängig prüfen.

Hinzukommt, dass jede Konfliktpartei selbst ein Interesse hat, die Meinung der Öffentlichkeit im eigenen Sinne zu beeinflussen. Dazu veröffentlichen sie und ihre Unterstützenden Beiträge mit einer ganz bestimmten Aussage. Bilder werden z. B. gezielt ausgewählt, andere dagegen weggelassen.

Die Hamas und ihre Unterstützenden stellen die palästinensische Bevölkerung als unschuldige Opfer des israelischen Militärs dar, indem sie über zerstörte Häuser sowie verwundete und tote Kinder berichten. Die eigenen Gräueltaten des 7. Oktober 2023 an der israelischen Zivilbevölkerung werden aber ausgelassen.

Die israelische Seite stellt die Erfolge und Zielgenauigkeit des eigenen Militärs ins Zentrum ihrer Beiträge. Die Hamas wird als Gefahr für die Israelis beschrieben, die auch nicht davor zurückschreckt, unschuldige palästinensische Zivilisten zu opfern, in dem sie sich beispielsweise in Krankenhäusern in Gaza versteckt. Palästinensische Opfer spielen in ihren Beiträgen kaum eine Rolle. Die in den Beiträgen gezeigten Informationen und Meinungen zeigen nur einen Ausschnitt der Realität.

*Bearbeiter*

**Podcast zur Radikalisierung von Jugendlichen durch TikTok**

72470-005

**TikTok**
gehört dem chinesischen Unternehmen ByteDance. TikTok hat nach eigenen Angaben weltweit über 1,6 Milliarden Nutzende [1. Quartal 2024].

**Instagram**
gehört dem amerikanischen Unternehmen Meta und hat etwa 1,4 Milliarden Nutzende.

**Video der Deutschen Welle (dw.com): Nutzung von KI für die Erstellung von Fake News im Nahostkonflikt**

72470-006

**Zur Vertiefung: Unterricht mit KI → Methodenglossar**

# Fake News erkennen

**Worum geht es?**

Jeden Tag erscheinen unzählige Nachrichten, Meldungen, Posts, Videos, Twitter-Nachrichten. Wie kann herausgefunden werden, ob es sich dabei um eine wahre Nachricht oder um „Fake News" handelt?

**Geht dabei so vor:**

**„Fake News": Hilfen im Internet**
Es gibt Internetseiten, die Informationen über „Fake News" sammeln. Dort bekommt ihr Informationen über gefälschte Nachrichten und Bilder. Beispiele für diese Seiten sind:
- mimikama.at
- hoaxmap.org
- faktenfinder.tagesschau.de
- tineye.com

**1 Fakten prüfen**

Die meisten „Fake News" werden heutzutage über die sozialen Medien verbreitet. Wem eine Nachricht verdächtig vorkommt, sollte als erstes die Schlüsselwörter in eine Suchmaschine eingeben:
- Wird die Nachricht auch noch über andere, größere Medien verbreitet?
- Geben andere Medien noch Zusatzinformationen, die etwas an der grundlegenden Sache ändern?
- Wie aktuell ist die Nachricht – geht es um Ereignisse, die angeblich gerade stattgefunden haben oder wurde eine alte Meldung wieder hochgekocht?

**2 Quelle überprüfen**

Sollte die Internetrecherche noch nicht für endgültige Klarheit gesorgt haben, empfiehlt es sich, den Verfasser einer Nachricht genauer anzuschauen.
- Wie lange ist derjenige bereits aktiv und was hat er bisher geschrieben?
- Machen die bisher veröffentlichten Beiträge Sinn und erscheinen glaubhaft?
- Wer und wie viele Leute haben die Beiträge geteilt?
- Wie viele Freunde oder sogenannte Follower hat er?

**3 Bilder und Videos überprüfen**

Auch Bilder und Videos können gefälscht sein. Bei Bildern ist es häufig so, dass die Bilder zwar echt sind, aber in einen falschen und sinnverzerrenden Kontext gesetzt werden. Hier hilft die Google-Bildersuche: Sie kann anzeigen, wo und in welchem Kontext das Bild zum ersten Mal veröffentlicht wurde. Bei Videos ist die Überprüfung schon kniffliger. Es ist inzwischen möglich, Politikerinnen und Politikern in einem Videoclip andere Worte in den Mund zu legen.

*Kolonko, Sonja: Fake News: Wie erkenne ich Fake News? – Hilfreiche Tipps für die Faktenprüfung. In: www.planet-wissen.de, 20.08.2018*

## M3 Instagram-Beiträge zum Nahostkonflikt

Vertiefung: Analyse eines TikTok-Videos einer marokkanischen Influencerin

72470-007

**a**

**trtdeutsch** • Folgen

Original-Audio

**trtdeutsch** Aufnahmen zeigen einen verängstigten Jungen, der aus dem Schifa-Krankenhaus in Gaza flieht. Israel hatte am Montag den medizinischen Komplex - ohne Rücksicht auf Patienten, Personal oder Schutzsuchende - angegriffen. Tausende vertriebene Palästinenser suchten Zuflucht im Schifa.

14 Wo.

Gefällt 9.845 Mal

20. März

*Instagram / trtdeutsch*

**b**

Instagram · Suchen · Anmelden · Registrieren

**zeitimbild** • Folgen

**zeitimbild** Tunnel entdeckt: Israels Armee hat Bilder veröffentlicht, die einen Tunnel der Hamas zehn Meter unter dem Al-Schifa-Krankenhaus in Gaza zeigen sollen. Der 55 Meter lange schmale Gang führe zu einer explosionssicheren Tür, heißt es. Laut Israel hatte die Terrororganisation eine Kommandozentrale unter dem Spital.

#zeitimbild #zib #news #nahost #israel #gaza

31 Wo.

Gefällt 14.273 Mal

20. November 2023

Melde dich an, um mit „Gefällt mir" zu markieren oder zu kommentieren.

*Instagram / zeitimbild*

*Instagram / aryeshalicar*

*Instagram / coach_cecil*

## Aufgaben

72470-008

1. Erarbeitet die Funktionsweise, Wirkungen und Probleme von sozialen Netzwerken im Nahostkonflikt (**M2**). Erstellt dazu eine Checkliste.
2. Beschreibt und analysiert mithilfe der Checkliste und des Leitfadens (**Methodenkarten**, S. 10 und 13) die Instagram-Beiträge (**M3**) in kleinen Teams. Präsentiert und vergleicht eure Ergebnisse in der Klasse.
3. Beurteilt die Beiträge jeweils hinsichtlich der Frage, ob es sich (wahrscheinlich/eher) um eine Information oder eine einseitige Beeinflussung handelt.

## Politik Aktiv

4. Erstellt Screenshots von Beiträgen zum Nahostkonflikt, die euch in den sozialen Medien vorgeschlagen wurden und die für euch besonders bemerkenswert sind.
5. Analysiert diese Beiträge mithilfe der beiden Methodenkarten.
6. Diskutiert: Inwiefern beeinflussen soziale Medien eure Meinung zum Nahostkonflikt?

# Beiträge in (sozialen) Medien analysieren

**Worum geht es?**

Jeden Tag werdet ihr in den sozialen Medien mit Beiträgen verschiedenster Art konfrontiert. Dazu gehören auch Videos, Bilder o. Ä., die sich mit dem Nahostkonflikt befassen. Um diese richtig einordnen zu können, hilft euch dieser Leitfaden.

**Geht dabei so vor:**

1. **Formale Beschreibung**
   **(Wann wurde der Beitrag von wem auf welcher Plattform gepostet?)**
   - Quelle/Produzent, Plattform, Erscheinungsdatum, Aufrufe

2. **Inhaltliche Beschreibung**
   **(Was genau ist auf dem Beitrag zu sehen?)**
   - Abgebildete Personen, Gegenstände, Symbole, Motive, Hintergrund, Vordergrund etc.
   - Kommentare und andere Reaktionen

3. **Interpretation/Analyse**
   **(Welche Ziele werden mit dem Beitrag verfolgt?)**
   Mögliche Leitfragen:
   - Welche Situation soll wie dargestellt werden?
   - Welche Informationen und Sichtweisen sind vorhanden, welche fehlen aber auch?
   - Ist die Situation echt und sind die Informationen richtig (s. Checkliste in M3)?
   - Welche Gefühle bei den Adressaten sollen wie ausgelöst werden?
   - Welche Meinung hat die Produzentin oder der Produzent/Beitrag und welche Meinung strebt sie/er bei den Adressaten an (Täter/Opfer/schuldig/unschuldig etc.)?

*Bearbeiter*

# 2. Der Nahostkonflikt in Deutschland

## Welche Aussagen zum Konflikt sind ok, welche Aussagen sind problematisch?

Viele Menschen in Deutschland haben zum Nahostkonflikt eine eigene Meinung. Oft sind mit diesen Meinungen auch starke Gefühle wie Wut, Angst, Sorge und Trauer verbunden. Aussagen zum Konflikt können andere Menschen daher verletzen und diskriminieren. In diesem Kapitel sollt ihr problematische von nicht problematischen Aussagen unterscheiden lernen und diskutieren, welche Äußerungen bei der Bewertung des Konflikts in eurem Unterricht erlaubt sein sollen und welche nicht.

### Einstiegsaufgaben

72470-009

1. Erläutert, wie die drei Aussagen in **M1** auf euch wirken.
2. Diskutiert, welche Aussagen im Unterricht zum Nahostkonflikt in Ordnung sind und welche nicht.

### M1 Drei Aussagen in einer Diskussion zum Nahostkonflikt – welche sind ok?

1 „Ich möchte, dass Israel von der Landkarte verschwindet."

2 „Ich stehe auf der Seite von Israel/von Palästina."

Eine Mittelstufen-Klasse in einer Diskussion

3 „Die Palästinenserinnen und Palästinenser sind doch alle Terroristen und möchten nur Israelis umbringen."

*Bearbeiter*

## M2 Der Nahostkonflikt in Deutschland – wie ist der Konflikt mit uns verbunden?

Für viele Menschen in Deutschland kann Israel nicht als Land wie jedes andere angesehen werden. Es gilt als das Land der Überlebenden des Holocaust und ihrer Nachfahren. Für deren Sicherheit trage Deutschland durch seine Schuld am Holocaust maßgeblich Verantwortung. Diese Haltung zeigt sich in Äußerungen vieler Politikerinnen und Politiker, bei Pro-Israel-Demonstrationen aber auch in anderen Situationen, bei denen die Unterstützung für Israels Sicherheit und der Schutz der Jüdinnen und Juden in Deutschland besonders betont wird.

Daneben gibt es in Deutschland Menschen, die sich zwar zur besonderen Verantwortung Deutschlands bekennen, aber zugleich auch Unterstützende der Palästinenserinnen und Palästinenser sind. Sie betonen die Verpflichtung Deutschlands für universelle Menschenrechte und argumentieren, dass palästinensische Rechte durch die israelische Politik verletzt werden. Deutschland müsse sich daher auch für die Sicherheit und die Rechte der palästinensischen Bevölkerung einsetzen.

Zudem gibt es in Deutschland Menschen, welche gerade diesen besonderen Umgang mit der Vergangenheit des Nationalsozialismus insgesamt ablehnen („Schlussstrich unter die Vergangenheit ziehen"). Sie sehen keine besondere Verantwortung für Deutschland gegenüber Israel.

Wieder andere bekennen sich zwar zur besonderen Verantwortung Deutschlands, sind aber trotzdem eher Unterstützende der Palästinenserinnen und Palästinenser, weil sie deren Rechte durch die Staatsgründung Israels oder durch die israelische Politik gefährdet oder verletzt sehen.

Pro-Israel-Demo in Deutschland, Oktober 2023

In Deutschland leben viele Menschen, die sich mit der Region im Nahen Osten aus anderen Gründen verbunden fühlen. Sei es, weil Teile ihrer Familien dort sind, sie der gleichen Religion angehören oder weil sie selbst von dort herkommen.

Dazu gehören zum Beispiel Jüdinnen und Juden, Musliminnen und Muslime, Geflüchtete aus arabischen Staaten oder Menschen mit palästinensischer Migrationsgeschichte. Sie alle bringen damit unterschiedliche Erfahrungen und Sichtweisen auf den Nahostkonflikt in die Gesellschaft Deutschlands ein. So ist es nicht verwunderlich, dass viele Jüdinnen und Juden sich mit dem Staat Israel besonders verbunden fühlen. Diese Verbundenheit bedeutet aber nicht, dass Jüdinnen und Juden für die israelische Politik verantwortlich gemacht werden dürfen. Sie sind deutsche Bürgerinnen und Bürger und haben in Israel zum Beispiel kein Wahlrecht. Eine enge Verbundenheit trifft aber auch für Menschen mit palästinensischer Migrationsgeschichte oder für Geflüchtete aus arabischen Staaten zu. Sie stehen im Nahostkonflikt eher auf der Seite der Palästinenserinnen und Palästinenser. In ihren Herkunfts-

**Holocaust**
auch Shoa. Völkermord der Nationalsozialisten an den europäischen Juden während des Zweiten Weltkrieges, bei dem ca. 6 Millionen Jüdinnen und Juden getötet wurden.

**universell**
für alle geltend, unabhängig von Herkunft, Alter, Religion, Geschlecht, Bildung etc.

Pro-Palästina-Demo in Deutschland, Oktober 2023

ländern erlebt man oft große Feindschaft gegen Israel. Israel wird dort vielfach als „Eindringling" wahrgenommen. Manche Menschen mit arabisch-palästinensischer Migrationsgeschichte nehmen die besondere Beziehung Deutschlands zu Israel als Parteinahme wahr. Sie fühlen sich mit ihrer eigenen Geschichte und ihren Erfahrungen ausgegrenzt. Deutschland ist also mit Israel und Palästina in vielfältiger Weise verbunden, so dass man von einem komplizierten Dreiecksverhältnis Deutschland-Israel-Palästina sprechen kann.

*Bearbeiter*

## M3 Antisemitismus und antipalästinensischer Rassismus beim Reden über Israel-Palästina

**kollektiv**
hier gemeint: Eigenschaften, die auf alle zutreffen

**Stereotype**
verallgemeinernde, immer wiederkehrende Vorurteile

**Universelle Menschenrechte**
sind z. B.
- Recht auf Freiheit
- Gleiche Rechte und Würde
- Diskriminierungsverbot aufgrund von Rasse, Hautfarbe, Geschlecht, Sprache, Religion etc.
- Recht auf Leben und Sicherheit der Person
- Gleichheit vor dem Gesetz
- Recht auf Staatsangehörigkeit

Beim Reden über den Nahostkonflikt kommt es immer wieder zu antisemitischen oder rassistischen Äußerungen und Handlungen. Der Begriff Antisemitismus bezeichnet die Feindschaft gegenüber Jüdinnen und Juden (Ablehnung oder Hass). Jüdinnen und Juden werden dabei nicht mehr als einzelne – individuelle – Personen betrachtet, sondern ihnen werden aufgrund ihres Jüdisch-Seins kollektiv negative Eigenschaften zugesprochen. Diese Vorurteile – sogenannte antisemitische Stereotype – sind beispielsweise, dass Jüdinnen und Juden gierig und schlau sind, im Geheimen die Welt kontrollieren, Ritual-, Kindesmörder oder Brunnenvergifter seien und für das Übel in der Welt verantwortlich.

Viele dieser Vorurteile sind mehrere hundert Jahre alt und darauf zurückzuführen, dass Jüdinnen und Juden in der Vergangenheit oft die Minderheit darstellten, die für schlimme Ereignisse zum Sündenbock herangezogen wurde. Wenn die Feindschaft gegenüber Jüdinnen und Juden und die antisemitischen Vorurteile/Stereotype auf den Staat Israel und seine Bewohnenden übertragen wird, spricht man von israelbezogenem Antisemitismus. Dieser liegt insbesondere dann vor, wenn das Existenzrecht des Staates Israel geleugnet oder der Wunsch nach dessen Vernichtung vorhanden ist.

Beim antimuslimischen oder auch antipalästinensischen Rassismus richtet sich die Feindschaft gegen alle Musliminnen und Muslime, Palästinenserinnen und Palästinenser oder Araberinnen und Araber. Diese werden insgesamt als fremd abgewertet und diskriminiert, weil ihnen oder ihrer Religion kollektiv negative Eigenschaften zugesprochen werden. Antisemitismus und Rassismus sind beides Formen der sogenannten gruppenbezogenen Menschenfeindlichkeit. Diese ist für ein friedliches Zusammenleben abzulehnen, weil sie im Konflikt zu den universellen Menschenrechten steht.

*Bearbeiter*

## M4 Mögliche Äußerungen zu Israel-Palästina

**a** „Israel tötet mit Absicht palästinensische Kinder.“

**b** „Israel hat das Recht auf Selbstverteidigung.“

**c** „Ich mag keine Jüdinnen und Juden in Deutschland, denn diese sind auch für die Politik Israels gegenüber den Palästinenserinnen und Palästinensern verantwortlich.“

**d** „Unschuldige Israelis bei Anschlägen umzubringen, ist keine Selbstverteidigung.“

**e** „Ich sehe keinen Unterschied zwischen getöteten Israelis und getöteten Palästinenserinnen und Palästinensern.“

**f** „Israel ist der Feind aller Araberinnen und Araber.“

**g** „Das israelische Militär geht zu schlimm gegenüber den Menschen in Palästina vor. Es werden zu viele Unschuldige verletzt oder getötet.“

**h** „Israelis bei Anschlägen umzubringen ist ok.“

**i** „Ich möchte, dass die Palästinenserinnen und Palästinenser einen eigenen Staat bekommen.“

*Bearbeiter*

## Aufgaben

72470-010

1. Erläutert das Dreiecksverhältnis Deutschland-Israel-Palästina mit eigenen Worten (**M2**). Warum ist es so kompliziert?
2. Positioniert euch im Dreiecksverhältnis. Begründet diese Position mit eurer Geschichte und euren Gefühlen.
3. Erarbeitet aus **M3** die Kennzeichen von Antisemitismus und antipalästinensischem Rassismus. Erstellt dazu eine Liste.
4. Arbeitet zu zweit: Analysiert mithilfe von **M3**, welche Äußerungen in **M1** und **M4** nicht in Ordnung sind. Stellt eure Ergebnisse in der Klasse vor und diskutiert diese.
5. Erstellt eine Checkliste/Kriterienkatalog dazu, welche Äußerungen zum Nahostkonflikt in eurem Unterricht in Ordnung sind und welche nicht.
6. Nennt allgemeine Diskussionsregeln, mit denen insbesondere andere Auffassungen respektiert, aber auch mögliche Opfer von Ausgrenzung und Diskriminierung geschützt werden.

# 3. Vorgeschichte des Konflikts bis 1947

## Wer hat mehr Anspruch auf das „Heilige Land"?

Der Konflikt zwischen Israelis und Palästinenserinnen und Palästinensern ist schon sehr alt. Im Kern streiten sie um Ansprüche auf ein und das selbe Land, welches zwischen dem Mittelmeer und dem Fluss Jordan liegt. Sie begründen ihre Ansprüche jeweils mit ihrer Geschichte, ihrer Religion und auch mit dem Völkerrecht. In diesem Kapitel sollt ihr die Ansprüche der beiden Konfliktparteien kennenlernen und bewerten.

### Einstiegsaufgaben 72470-011

1. Erklärt anhand der Karte in **M1** (b), inwiefern die beiden Zitate **M1** (a) und (c) miteinander im Konflikt stehen können.
2. Vermutet spontan, wer die besseren Argumente für seine Ansprüche auf das Land hat (**M1** (a) und (c)).

### M1 Zwei Zitate: Wem gehört das Land?

(a)

„Dieses Land gehört uns."

*Zitat der ehemaligen stellvertretenden israelischen Außenministerin Tzipi Hotovely, 2015*

(c)

„Wir werden niemals unser Land verlassen."

*Zitat des Palästinenserpräsidenten Mahmud Abbas, 2023*

(b)

Das Gebiet Israel-Palästina im Nahen Osten

## M2 Wie begründet die jüdisch-israelische Bevölkerung ihre Ansprüche auf das Land?

**Vorgeschichte und Vertreibung**

Aus jüdisch/israelischer Sicht ist das heutige Gebiet Israel-Palästina das Land ihrer Vorfahren. Die israelitischen Stämme (in der Bibel Hebräer genannt) wandern etwa 1300 v. Chr. in dieses Gebiet ein, festigen dort ab etwa 1000 v. Chr. unter den Königen Saul und David ihre Herrschaft und machen Jerusalem zum politischen und religiösen Zentrum. Doch auch wenn die Jüdinnen und Juden sagen, dass sie vor der arabisch/palästinensischen Bevölkerung auf dem Gebiet lebten, so waren sie nicht die ersten. Vor ihnen lebten bereits seit vielen Jahrtausenden andere Menschen dort. In den folgenden Jahrhunderten wird das Reich der Israeliten mehrfach durch andere Reiche erobert. Die Jüdinnen und Juden werden zwischenzeitlich vertrieben (nach Babylon) und kehren von dort aber wieder zurück. Am wichtigsten ist aber die Eroberung durch die Römer, die das Land im Jahr 63 v. Chr. besetzen. Es kommt zum Aufstand und zum Krieg, den die Jüdinnen und Juden verlieren. Viele werden getötet, andere flüchten oder werden nach Europa und Nordafrika vertrieben (Beginn der Diaspora). Nur wenige Jüdinnen und Juden leben weiterhin für die nächsten Jahrhunderte im Land.

**Rückkehr**

Während der Diaspora sind die Jüdinnen und Juden überall in der Welt zerstreut, leben dort in Städten und Dörfern und werden immer wieder als Minderheit diskriminiert und verfolgt (Antisemitismus → S. 16). In der Fremde eint sie, die sich sowohl als Religions- als auch als Volksgemeinschaft verstehen, deshalb die Sehnsucht nach der Rückkehr in das Land der Vorväter. Zwischen 1882 und 1939 kommt es zu fünf großen Einwanderungswellen, bei denen etwa 380.000 Jüdinnen und Ju-

## M3 Wie begründet die arabisch-palästinensische Bevölkerung ihre Ansprüche auf das Land?

**Vorgeschichte**

Ähnlich wie die Jüdinnen und Juden begründen auch die Palästinenserinnen und Palästinenser ihren Anspruch auf das Land damit, dass sie und ihre Vorfahren schon lange auf dem Gebiet lebten. So wird argumentiert, dass die aus der Mittelmeer-Region stammenden und etwa 1200 v. Chr. ins Gebiet kommenden Philister die Vorfahren heutiger Palästinenserinnen und Palästinenser sind. Dies wird wissenschaftlich aber eher bezweifelt. Wahrscheinlicher ist, dass die palästinensische Bevölkerung die Nachkommen vieler Stämme sind, die in der langen Geschichte dieses Gebietes dort durchzogen oder sesshaft wurden. Nach der jüdischen Flucht und Vertreibung 70 n. Chr. ziehen arabische Nomaden durch das Land und werden dort von den Römern, die damals das Gebiet verwalteten, geduldet. In den späteren Jahrhunderten besteht die Bevölkerung Palästinas (so nannten die Römer das Gebiet) fast vollständig aus Christen. Erst ab 637 n. Chr. erobern Araber Palästina und die dort lebende Bevölkerung nimmt im Laufe der Zeit den Islam als Religion und die arabische Lebensweise an. Von 1517 bis 1918 gehört Palästina zum Osmanischen

**Diaspora** bezeichnet das Leben in der Fremde und die Zerstreuung der Bevölkerung in weite Teile der Welt.

Links die Kuppel der Al-Aqsa-Moschee und rechts die goldene Kuppel des Felsendoms in Jerusalem

den aus Europa und Russland nach Palästina einwandern. Gerade nach dem Holocaust, der Ermordung von 6 Millionen Jüdinnen und Juden während der Zeit des Nationalsozialismus, gilt das Land als „sicherer Hafen“ für die jüdische Bevölkerung in der ganzen Welt.

**Religion**

Für die Jüdinnen und Juden geht es nicht um irgendein Gebiet, sondern um das Land, welches ihrem Vorvater – Abraham – und seinen Nachfahren im Alten Testament/der Torah von Gott gegeben wurde. Mit der Rückkehr ins „Heilige Land“ erfüllt sich somit für religiöse Jüdinnen und Juden ein erster Schritt von Gottes Plan. Im Zentrum des Wunsches nach Rückkehr steht Jerusalem als Hauptstadt des antiken Reiches und als Ort des zweiten jüdischen Tempels, der im Krieg mit den Römern 70 n. Chr. abbrannte. Nur noch seine Westmauer ist heute zu sehen. An der Klagemauer beten heute viele jüdische Gläubige. Neben Jerusalem haben aber für sie viele weitere Orte eine große religiöse Bedeutung, zum Beispiel Hebron mit dem Grab von Abraham.

Juden vor der Klagemauer in Jerusalem

Reich und wird von Türken regiert. Nach dem ersten Weltkrieg 1918 wird Palästina von Großbritannien verwaltet (britisches Mandatsgebiet). Einen eigenen Staat Palästina mit Selbstverwaltung durch die dort lebende Bevölkerung gab es nie.

**Jüdische Rückkehr – Konfliktbeginn**

In Palästina lebte über viele Jahrhunderte eine Bevölkerung aus mehrheitlich arabischen muslimischen Bauern und Handwerkern. Mit den großen Einwanderungswellen von Jüdinnen und Juden ab dem Jahr 1882 kommt es zum Konflikt mit den Einwandernden, welche in großem Stil Land von den arabischen Großgrundbesitzern aufkaufen. Es kommt aber auch zu Konflikten über die Lebensweise, denn die Einwandernden kamen aus Europa und Russland und brachten die Moderne in die Region. Dies zeigt sich in Kleidung, Sprache, aber auch im Bau moderner Städte und der modernen Art des Wirtschaftens. Während 1882 noch 450.000 muslimische Araberinnen und Araber und nur 15.000 Jüdinnen und Juden in der Region lebten, vervielfachte sich die Bevölkerung mit der jüdischen Einwanderung enorm und die arabische Bevölkerung verlor nach und nach ihre Mehrheit im Gebiet.

**Religion**

Aus arabisch/palästinensischer Sicht ist vor allem Jerusalem ein wichtiger religiöser Ort. Nach muslimischer Überlieferung ist von dort der Prophet Mohammed in den Himmel aufgestiegen. An dieser Stelle auf dem Haram al-Sharif (jüdisch: Tempelberg) steht heute der Felsendom mit der goldenen Kuppel. Die Al-Aqsa-Moschee, die in unmittelbarer Nähe des Felsendoms liegt, gilt nach Mekka und Medina als drittwichtigste Moschee des Islam, auch war Jerusalem vor Mekka die ursprüngliche Gebetsrichtung im Islam. Erst ab 1930 kam die Idee auf, dass ganz Palästina ein religiöses und den Muslimen auf

**Völkerrecht**

Nach der Einwanderung von Jüdinnen und Juden nach Palästina kommt es mit der dort ansässigen arabischen Bevölkerung zu Konflikten um das Land, aber auch weil es große Unterschiede in der Lebensweise gab.

Palästina wurde ab 1917/18 von Großbritannien verwaltet, es war britisches Mandatsgebiet. Der englische Außenminister Balfour versprach den Jüdinnen und Juden 1917 Hilfe bei der Errichtung einer „nationalen Heimstätte“ (Balfour-Deklaration). 1947 beschloss die Generalversammlung der Vereinten Nationen (UN) einen Teilungsplan für Palästina, um die Konflikte zwischen der jüdischen und arabischen Bevölkerung zu beenden. Dieser Plan sah zwei Staaten vor. Die jüdische Seite nahm diesen Plan an, die arabische Seite lehnte ihn ab. Nach jüdisch/israelischer Auffassung ist die Gründung eines Staates Israel auf dem Gebiet rechtmäßig. Sie berufen sich dabei auf die Balfour-Deklaration 1917 und den UN-Teilungsbeschluss 1947.

*Bearbeiter*

ewig anvertrautes Gebiet sei. Heute wird dieser religiöse Anspruch aber nur von etwa einem Drittel der Palästinenserinnen und Palästinenser vertreten. Er findet sich vor allem bei Unterstützern der islamistischen Hamas-Organisation.

**Völkerrecht**

In der Balfour-Erklärung von 1917 versprach die britische Regierung nicht nur den Jüdinnen und Juden die Errichtung einer „nationalen Heimstätte“. Schon 1915, noch während des Osmanischen Reiches, sicherten sie auch den dort lebenden Araberinnen und Arabern Unterstützung bei einem eigenen arabischen Reich in dem Gebiet zu, als Gegenleistung für die Unterstützung bei einem Aufstand gegen die Osmanen (McMahon-Korrespondenz). 1947 beschloss die Generalversammlung der Vereinten Nationen (UN) einen Teilungsplan für Palästina, um die Konflikte zwischen der jüdischen und arabischen Bevölkerung zu beenden. Dieser Plan sah zwei Staaten vor. Trotz der Ablehnung dieses Teilungsplans durch die arabischen Staaten sehen die Palästinenserinnen und Palästinenser in ihm die völkerrechtliche Rechtfertigung (Legitimation), um auf dem Gebiet einen Staat zu errichten.

*Bearbeiter*

→ Online-Kapitel: Die UN

## M4 Der Streit um das Heilige Land – wer hat welche Argumente?

| Die Juden/Israelis haben Ansprüche auf das Land: | Die Araber/Palästinenser haben Ansprüche auf das Land: |
| --- | --- |
| geschichtliche Begründung | geschichtliche Begründung |
| religiöse Begründung | religiöse Begründung |
| rechtliche Begründung | rechtliche Begründung |

*Bearbeiter*

Geschichte/Grundkonflikt bei Logo/TikTok
72470-012

## M5 Veranschaulichung des Grundkonflikts: Wem gehört das Haus?

Eine palästinensische Familie verlässt ihr Haus und flüchtet vor Kämpfen im Gazastreifen (Februar 2024).

Die Familie J wohnte vor langer Zeit in einem Haus, welches davor aber bereits von vielen weiteren Menschen bewohnt wurde. Im Krieg musste Familie J aus ihrem Haus fliehen.
Das Haus steht leer. Irgendwann danach zieht Familie P ins Haus ein und lebt dort eine längere Zeit. Doch nach vielen Jahren kehrt Familie J zurück und möchte wieder in ihrem Haus wohnen.

*Bearbeiter*

## M6 Zwei Kommentare zu den Ansprüchen der Konfliktakteure

**a** „Wir müssen damit beginnen, die schmerzhafte Erkenntnis zu akzeptieren, dass dieses Land zwar uns gehört, aber eben nicht nur uns. Wenn wir die Sicherheit und unsere Identität als jüdische Demokratie bewahren wollen, müssen wir dieses Stück Land teilen."

*Zitat des ehemaligen israelischen Geheimdienstchefs Ami Ayalon, 2022*

**b** „Wir nehmen zur Kenntnis, dass zwei Völker Anspruch auf dasselbe Land erheben. Im Konflikt um Israel/Palästina steht nicht Recht gegen Unrecht, sondern Anspruch gegen Anspruch. [...] Der israelisch-palästinensische Konflikt ist Ausdruck der konkurrierenden Ansprüche zweier Völker."

*Zitat der Nahost-Experten Christian Sterzing und Jörn Böhme, 2014*

## Aufgaben

72470-013

1. a) Erarbeitet aus **M2** und **M3** die Argumente der Palästinenserinnen und Palästinenser sowie die Argumente der Israelis für die Ansprüche auf das Land. Erstellt zuerst jeweils eine Liste.
   b) Präsentiert diese in einem Vortrag in der Klasse (Teamarbeit).
2. Tragt die wichtigsten Argumente und Begründungen ins Schaubild **M4** ein (→ QR-Code über den Aufgaben).
3. Analysiert, ob und inwiefern das Haus-Beispiel in **M5** eine vereinfachte Darstellung des Nahostkonfliktes sein kann.
4. Begründet, wer welche Ansprüche in **M5** erhebt. Berücksichtigt dabei die Begriffe Eigentum und Besitz.
5. Bewertet die beiden Kommentare in **M6**. Inwiefern teilt oder widersprecht ihr deren Ansicht? Diskutiert eure Bewertungen auch in der Klasse.

**Hilfe zu Aufgabe 4**
Wenn jemand eine Tasche kauft, ist die Person Eigentümerin/Eigentümer und Besitzerin/Besitzer.
Wenn die Tasche gestohlen wird, bleibt die Person rechtmäßiger Eigentümerin/Eigentümer, der Dieb ist aber jetzt im Besitz der Tasche.

# Internationale Konflikte verstehen

**Worum geht es?**

Überall auf der Welt gibt es internationale Konflikte. Um diese bewerten und Lösungsmöglichkeiten einschätzen zu können, sollten sie gut verstanden werden. Die folgende Anleitung wird euch dabei unterstützen.

**Begriffsbestimmung: Was sind internationale Konflikte?**

1. **Konflikte** gehören zum Leben dazu. Sie treten immer dann auf, wenn unterschiedliche Interessen von Menschen aufeinandertreffen und nicht alle Interessen und Ziele der Menschen vollständig erfüllt werden können. Verdeutlicht werden kann dies an folgendem Beispiel:
   Zwei Menschen (die **Konfliktakteure**) wollen Pizza essen, es ist aber nur eine Pizza vorhanden. In dieser Situation können nicht beide ihr Bedürfnis erfüllen. Es kommt zum Konflikt, der entweder friedlich oder auch nicht friedlich ausgetragen werden kann. Gäbe es zwei Pizzen, so gäbe es auch keinen Konflikt. Der Konflikt um die Pizza ist als Streit um eine **begrenzte Ressource** aufzufassen.

2. Zum Problem werden Konflikte eigentlich erst dann, wenn sie nicht friedlich und nach festen Regeln ausgetragen und Kompromisse abgelehnt werden. So könnte ein Konfliktakteur im Beispiel oben die Pizza für **unteilbar** halten.

3. **Internationale Konflikte** finden meist zwischen Staaten oder zwischen Bevölkerungsgruppen statt. Dabei wird häufig um die Aufteilung von Ressourcen wie Wasser oder Rohstoffen, den Verlauf von Grenzen oder die Macht in einem Staat gestritten. Konflikte können unterschiedlich ausgetragen werden: Konfliktparteien können miteinander verhandeln oder (internationale) Gerichte anrufen, um über die Streitfragen zu entscheiden. Konflikte können aber auch mit Gewalt ausgetragen werden, entweder durch Staaten selbst (z. B. Militär) oder auch durch andere Akteure wie Terrororganisationen oder Milizen. Im Extremfall kann es zum Krieg kommen, also zu einer bewaffneten Auseinandersetzung zwischen Staaten. Davon zu unterscheiden sind **Bürgerkriege**, also Gewalt innerhalb von Staaten. Diese werden durch Konflikte um Rohstoffe, aufgrund von Armut und sozialer Ungerechtigkeit oder wegen ungerechter Verteilung von politischer Macht in einem Land ausgelöst.

**Video Konfliktanalyse**

72470-014

**Geht dabei so vor:**

1 **Wählt die Analysekategorien aus.**
Internationale Konflikte können anhand von Schlüsselbegriffen (Kategorien) analysiert werden. Eine Auswahl dieser Kategorien findet ihr in **M1**.

## M1 Analysekategorien für internationale Konflikte

**Konflikte**

**(Wer streitet mit wem um was?)**

**a Konfliktebenen**

(Wo wird der Konflikt ausgetragen?)
- Lokal (in einer Stadt, einem Teil eines Landes etc.)
- Regional (z.B. im Nahen Osten, in Europa etc.)
- International/global (in großen Teilen der Welt)

**b Konfliktaustragung und -intensität**

(Welche Mittel setzen die Konfliktakteure ein?)
- Verhandlungen, Konferenzen, Diplomatie
- Drohungen, Blockaden, Boykott
- Anschläge, bewaffneter Angriff
- Militär (Krieg)

**c Konfliktakteure**

(Wer streitet mit wem und warum?)
- Vorgeschichte, Ursache, Anlass
- Ziele, Interessen, Motive, Argumente
- Macht (politisch, wirtschaftlich, militärisch)
- Strategie
- Akteursstruktur (symmetrisch/asymmetrisch)
- Bündnisse, Gegnerschaft
- Einstellungen, Kompromissbereitschaft, Ideologie/Kultur/Tradition, Wahrnehmung, Identität, Gefühle

**d Konfliktgegenstände**

(Worum wird gestritten?)
- Interessen- und Zielkonflikt (Land, Ressourcen, Macht)
- Wertkonflikt (Identität, Religion, Ideologie)
- Als *teilbar* interpretierte Konfliktgegenstände/ als *unteilbar* interpretierte Konfliktgegenstände
- Lösungsmöglichkeiten/Lösungschancen/ Lösungshindernisse

**2 Wandelt die Analysekategorien in M1 in Fragen um und beantwortet diese.**

**Formulierungsbeispiele für Analysefragen:**

- Wer streitet mit wem? (Konfliktakteure)
- Welche Interessen und Ziele haben die Akteure?
- Was sind die Ursachen des Konflikts?
- Wie sehen sich die Akteure selbst und wie sehen sie ihre Gegner (Wahrnehmung)?
- Sind die Akteure kompromissbereit?
- Ist es ein lokaler, regionaler oder globaler Konflikt? (Konfliktebene)
- Wer sind Verbündete der Konfliktakteure?
- Welche Mittel setzen die Konfliktparteien ein, um ihre Ziele durchzusetzen?
- Liegt ein Werte- und/oder Interessenkonflikt vor?
- Wird der Konfliktgegenstand von den Konfliktakteuren für teilbar gehalten?

**3 Fügt die Antworten zu einer Gesamtanalyse zusammen.**

Die Gesamtanalyse kann beispielsweise in Form eines Textes oder eines Schaubildes erfolgen.

*Bearbeiter*

# 4. Zentrale Ereignisse und Entwicklungen im Nahostkonflikt bis heute

## Aktion – Reaktion!?

Aktuelle Ereignisse und Meldungen zum Nahostkonflikt sind oft erschreckend, weil die Gewalt und der Hass, den die Konfliktparteien aufeinander zu haben scheinen, für uns schwer nachvollziehbar sind. Sie begründen ihre Handlungen immer damit, dass sie eine Reaktion auf die Handlung ihres Gegners seien. In diesem Kapitel sollt ihr wichtige Ereignisse und Entwicklungen im Nahostkonflikt kennenlernen und analysieren, wie diese die Konfliktparteien prägen.

### Einstiegsaufgabe

72470-015

Beschreibt und interpretiert die Karikatur **M1**.

### M1 Gewaltspirale in Nahost

*Karikatur: Waldemar Mandzel, 2012*

**Hinweis zu M2, S. 26 ff.:**
Im Nahostkonflikt sind in der Vergangenheit sehr wichtige Ereignisse geschehen, die von den Konfliktparteien jeweils sehr unterschiedlich erinnert werden. Teilweise nutzen sie auch unterschiedliche Namen, um zu verdeutlichen, welche Bedeutung ein Ereignis für sie hat. So entwickelten sich unter Israelis sowie Palästinenserinnen und Palästinensern eigenständige Erzählungen (Narrative) darüber, was in der Vergangenheit passierte und welche Folgen und Auswirkungen dies für einen selbst hat. Aus den Ereignissen und Entwicklungen ziehen die Konfliktparteien dann unterschiedliche Lehren und leiten aus ihnen auch völlig verschiedene Handlungen ab. Wissenschaftlich gesprochen bestimmen diese Ereignisse die jeweiligen Identitäten der Konfliktparteien.

## M2 Wichtige Ereignisse und Entwicklungen im Nahostkonflikt bis heute

**1948**

### Unabhängigkeitskrieg

Die Jewish Agency nahm als Vertretung der Jüdinnen und Juden in Palästina den UN-Teilungsbeschluss von 1947, der die Gründung von zwei Staaten vorsah, an. Mit diesem Teilungsbeschluss sah sich die jüdische Seite am Ziel ihrer Bemühungen, einen eigenen Staat zu besitzen. Diesen rief am 14. Mai 1948 David Ben Gurion in einer Unabhängigkeitserklärung aus. Er begründete die Staatsgründung damit, das Problem der jahrhundertelangen Heimatlosigkeit der Jüdinnen und Juden beenden und einen Ort schaffen zu wollen, an dem sie alle sicher sein können. Doch bereits am Tag nach der Unabhängigkeitserklärung griffen fünf arabische Staaten Israel an. Trotz Unterzahl und anfänglicher Unterlegenheit gewann das israelische Militär den Unabhängigkeitskrieg und trotzte damit der Vernichtung. Gleichzeitig eroberte es mit diesem Krieg ein viel größeres Gebiet als das im Teilungsplan vorgesehene. Unter Vermittlung der UN wurde 1949 ein Waffenstillstandsabkommen unterzeichnet. Die darin festgelegten Grenzen sind international akzeptiert als Grenzen des Staates Israel. Die Erinnerung an diesen Krieg ist aus israelischer Sicht mit der Einsicht verbunden, in einer feindlichen Umgebung einen Staat gegründet zu haben, der ständig von Vernichtung bedroht ist.

### Nakba (Katastrophe)

Die Vertreter der arabischen Staaten lehnten den UN-Teilungsbeschluss von 1947, der die Gründung von Staaten vorsah, ab. Sie wollten nicht hinnehmen, dass die arabische Bevölkerung, die 70 % der Bevölkerung auf diesem Gebiet ausmachte, nur 43 % des Landes bekommen sollte. Sie wehrte sich insgesamt auch gegen die Gründung eines jüdischen Staates. Deshalb griffen direkt am Tag nach der israelischen Unabhängigkeitserklärung Armeen von fünf arabischen Staaten (Ägypten, Syrien, Libanon, Jordanien und Irak) Israel an, mit dem Ziel der Vernichtung. Trotz anfänglicher Überlegenheit wurden die arabischen Armeen besiegt. Durch den Krieg mussten etwa 700.000 Palästinenserinnen und Palästinenser ihre Heimat und ihre Dörfer verlassen, wurden vertrieben oder flohen. Deshalb wird diese Zeit heute von ihnen als Nakba (Katastrophe) erinnert. Etwa 150.000 verblieben in Israel und bilden dort bis heute die arabische Minderheit, die etwa 20 % der israelischen Bevölkerung ausmacht. Die Überlebenden und Nachkommen der Geflüchteten und Vertriebenen leben heute in Flüchtlingscamps im Westjordanland und Gaza, aber auch in Jordanien, Syrien und Libanon. Ihre Zahl beträgt knapp 6 Millionen. Die Frage, ob sie irgendwann wieder in ihre alte Heimat zurückkehren dürfen, ist bis heute eine der großen und wichtigen Fragen im Nahostkonflikt.

David Ben Gurion verliest die Unabhängigkeitserklärung, 1948.

Arabische Bevölkerung auf dem Weg in Richtung Libanon als Folge des Krieges 1948

1967

### Sechs-Tage-Krieg

Im Frühjahr 1967 verlegte Ägypten Soldaten auf den Sinai an der Grenze zu Israel und blockierte Israels einzigen Zugang zum Roten Meer. In Israel wuchs die Angst vor einem erneuten Angriff. Diesem kamen sie mit einem eigenen Angriff zuvor und eroberten in kürzester Zeit nicht nur den Gazastreifen, das Westjordanland und Ost-Jerusalem, sondern auch den Sinai und das Golan-Gebirge. Dieser Erfolg schaffte in Israel den Mythos der Unbesiegbarkeit und bewirkte eine deutliche Gebietsvergrößerung gegenüber 1948. Nach einem von USA und UN vermittelten Waffenstillstand gab Israel zwar im Rahmen eines Friedensvertrags mit Ägypten 1979 den Sinai zurück, aber Ost-Jerusalem und der Golan wurden annektiert und gelten seither aus israelischer Perspektive als israelisches Staatsgebiet. Neben dem militärischen Erfolg wurde vor allem die Eroberung von Ost-Jerusalem gefeiert, weil damit endlich der Besuch der Heiligen Stätten möglich war. Vor dem Sechs-Tage-Krieg war die Klagemauer für Jüdinnen und Juden unerreichbar gewesen, weil Ost-Jerusalem von Jordanien kontrolliert wurde.

### Naksa (Rückschlag)

Trotz vieler Spannungen zwischen Israel und den arabischen Staaten seit dem Ende des Krieges von 1948 waren diese überrascht vom Angriff des israelischen Militärs am 5. Juni 1967. Innerhalb von nur sechs Tagen verloren die Armeen der arabischen Staaten den Krieg. Viel wichtiger ist aber der abermalige deutliche Gebietsverlust. Musste die arabische Bevölkerung schon 1948 Teile ihrer Heimat und ihrer Souveränität aufgeben, so erfolgte mit dieser Niederlage ein weiterer Rückschlag (Naksa). Ost-Jerusalem und der Golan wurden durch Annexion Teil von Israel. Im Westjordanland und Gaza lebt die palästinensische Bevölkerung seitdem unter israelischer Militärverwaltung (Besatzung) und hat nur eingeschränkte Rechte – zeitgleich damit begann der israelische Siedlungsbau.

Jüdische Soldaten zurück an der Westmauer (Klagemauer) nach dem Sieg über jordanische Truppen in Ost-Jerusalem, 1967

Ein israelischer Militärposten mitten in der palästinensischen Stadt Hebron im Westjordanland, 2019

## 1973

### Jom-Kippur-Krieg

Jom Kippur (Versöhnungstag) ist der höchste jüdische Feiertag, an dem das ganze öffentliche Leben ruht und man die Zeit mit seinen Familien verbringt. Dementsprechend überraschte war Israel vom Angriff Ägyptens und Syriens an diesem Feiertag im Jahr 1973. Weil die eigene Armee vollkommen unvorbereitet auf den Angriff war, erzielten die arabischen Armeen Anfangserfolge. Nur durch amerikanische Nachschublieferungen von Waffen konnte eine Niederlage verhindert werden. In Israel ist die Erinnerung an diesen Jom-Kippur-Krieg wie ein Sicherheitstrauma, eine Erinnerung an den Vernichtungswillen der umgebenden arabischen Staaten und die eigene Verletzlichkeit. Die Einschätzung, dass die Gegner nicht davor zurückschreckten, Rücksicht auf den höchsten Feiertag zu nehmen und damit aus israelischer Sicht heimtückisch waren, verstärken bis heute die Überzeugung, dass nur eine eigene hochgerüstete Armee, die ständig in Alarmbereitschaft ist, das eigene Überleben sichern kann.

### Oktober- oder Ramadan-Krieg

Die umliegenden arabischen Staaten gelangten in den Jahren nach 1967 zur Überzeugung, dass sich Israel nicht freiwillig aus den besetzten Gebieten zurückziehen und die annektierten Gebiete zurückgeben werde. Deshalb griffen Ägypten und Syrien am jüdischen Jom-Kippur-Feiertag Israel an. Sie versprachen sich davon die größten Aussichten auf einen Sieg. Zunächst erzielten sie auch beträchtliche Erfolge. Aber am Ende konnten sie wieder nicht gewinnen. Nur ein Waffenstillstandabkommen durch die USA verhinderte eine weitere Niederlage der arabischen Staaten. In der Folgezeit verloren die arabischen Staaten ihren Glauben daran, Israel jemals militärisch schlagen zu können. Dies leitete einen ersten Friedensprozess im Nahen Osten ein. Unter amerikanischer Vermittlung schlossen Ägypten und Israel 1979 ein erstes Friedensabkommen. 15 Jahre später, 1994, kam es auch zu einem Friedensabkommen zwischen Jordanien und Israel. Die Bereitschaft der arabischen Staaten, sich für Palästina in Kriege mit Israel zu stürzen, ging erheblich zurück. Die palästinensische Bevölkerung fühlte sich teilweise von den arabischen Staaten im Stich gelassen.

## 1987–2005

### Bewaffneter Widerstand und Friedensprozesse

Nach den gewonnen Nahost-Kriegen beschäftigte sich Israel vor allem mit der Kontrolle über die besetzten Gebiete. Diese erfolgte durch das Militär, aber auch durch den Bau von Siedlungen im Westjordanland und in Gaza. Während des ersten großen Aufstandes der palästinensischen Bevölkerung (**Erste Intifada**) gegen die Besatzung sah sich Israel mit großer internationaler Kritik konfrontiert, weil eine gut ausgerüstete Armee doch einem unterlegenen Gegner gegenüberstand.

Erste Intifada: Steine gegen Panzer

### Bewaffneter Widerstand und Friedensprozesse

Während die arabischen Staaten allmählich ihr Interesse an der militärischen Vernichtung Israels verloren, nahm die palästinensische Zivilbevölkerung ihr Schicksal selbst in die Hand. Mit Gründung der PLO (Palästinensische Befreiungsorganisation) bildete sich eine eigene Nationalbewegung. Sie verstanden sich somit immer mehr als eigenständiges Volk mit dem Ziel, einen palästinensischen Staat zu schaffen.

Mit einem großen Aufstand (**Intifada**) lehnte sich ab 1987 die palästinensische Bevölkerung gegen die israelische Besatzungsmacht auf. Sie hatte vor allem die Strategie, angesichts der israelischen Übermacht, mit den einfachen Mitteln eines Unterlegenen internationale Unterstützung zu bekommen.

Nach der Gewaltwelle der Ersten Intifada reifte immer mehr der Wunsch bei den Konfliktparteien, aber auch in der internationalen Gemeinschaft, einen Friedensprozess zu starten. Die Verhandlungen sollten für beide unter dem Motto „Land gegen Frieden“ stehen. Im **Oslo-Friedensprozess** (ab 1993) vereinbarten die Konfliktparteien unter Vermittlung der USA die Gründung einer Palästinensischen Autonomiebehörde (PA), welche schrittweise die Verwaltung der besetzten Gebiete übernehmen sollte. Wichtige Fragen, z. B. ob Jerusalem die Hauptstadt Israels und/oder Palästinas werden solle, über die Zukunft jüdischer Siedlungen, den Verlauf der Grenzen oder das Rückkehrecht palästinensischer Flüchtlinge wurden aber nicht beantwortet. Diese sollten erst nach mehreren Jahren verhandelt werden. Der Oslo-Friedensprozess war sowohl in der israelischen als auch in der palästinensischen Gesellschaft umstritten. Extremisten auf beiden Seiten wollten keine Kompromisse eingehen. So kam es zu Terroranschlägen der Hamas und zur Ermordung des israelischen Ministerpräsidenten Rabin durch einen extremistischen jüdischen Siedler. Im Jahr 2000 scheiterten in **Camp David** die Verhandlungen über die wichtigen Endstatus-Fragen.

Die späteren Friedensnobelpreisträger Jitzchak Rabin (Ministerpräsident Israels) und Palästinenserführer Jassir Arafat geben sich die Hand vor den Augen des amerikanischen Präsidenten Bill Clinton, Washington 1993.

**Hamas**
1987 gegründete islamistische Organisation, deren Strategie vor allem Terrorattentate sind

## 1987–2005

Die **Zweite Intifada** (2000-2005) führte überall in Israel zu Terroranschlägen von bewaffneten palästinensischen Gruppen. Die Israelis fühlten sich nirgends mehr sicher. Sie konnten überall, in Bussen oder in Cafés, zu Opfern eines Selbstmordattentates werden. Die israelische Armee reagierte darauf mit massiven Bestrafungsmaßnahmen und deutlichen Einschränkungen der Bewegungsfreiheit für die palästinensische Bevölkerung in den besetzten Gebieten.

Durch den Frust darüber, dass durch die Friedensprozesse kein eigener palästinensischer Staat erreicht wurde, kam es zu einem zweiten palästinensischen Aufstand ab dem Jahr 2000 (**Zweite Intifada**). Dieser wurde dieses Mal aber nicht von der palästinensischen Zivilbevölkerung getragen, sondern von bewaffneten Gruppen wie der Hamas. Ihre Mittel waren Terroranschläge, auch Selbstmordattentate, in Israel. 950 Israelis wurden bis 2005 so getötet, allerdings auch 3.200 Palästinenserinnen und Palästinenser durch die Reaktion des israelischen Militärs. Insgesamt brachte die Gewaltanwendung aber keine Besserung der Lebensverhältnisse für die Menschen in den besetzten Gebieten, sondern führte zu einer Verschlechterung.

## 2005 bis heute

**Konfliktmanagement?!**
In Israel ist in den Jahren nach der Zweiten Intifada die Hoffnung gesunken, eine friedliche Lösung des Konflikts herbeiführen zu können. Auch gibt es nur wenig Zustimmung in der israeli-

**(Bewaffneter) Widerstand?!**
Unter den Palästinenserinnen und Palästinensern herrscht seit den gescheiterten Friedensprozessen und den Folgen der Zweiten Intifada große Frustration und Orientierungslosigkeit. Dazu trägt auch bei, dass sich nach Auffassung der palästinensischen Bevölkerung die

schen Gesellschaft für die dafür notwendigen Kompromisse. So beschränkt sich die Regierung unter Benjamin Netanjahu weitgehend darauf, den Konflikt in der jetzigen Form zu verwalten. Rechte Parteien in der Regierung hatten in den letzten Jahren aber auch die Idee, das Westjordanland zu annektieren und damit an Israel anzugliedern. Diese Idee wurde aber noch nicht umgesetzt. Stattdessen entstand die Perspektive, sich mit den arabischen Staaten auszusöhnen. Israel schloss dazu unter US-Vermittlung in den letzten Jahren Verträge mit den Vereinigten Arabischen Emiraten und Bahrain ab (Abraham Accords). Ein Vertrag mit Saudi-Arabien wird ebenfalls angestrebt. Dass sich der Konflikt mit den Palästinenserinnen und Palästinensern aber nicht einfach verwalten oder verdrängen lässt, haben die Anschläge der Hamas am 7. Oktober 2023 deutlich gemacht.

→ Abraham Accords, S. 66

→ 7. Oktober 2023, Kap. 8, S. 47 ff.

*Bearbeiter*

arabischen Staaten durch ihre Annäherung an Israel von ihnen abwenden.

Ebenfalls ist die Gesellschaft frustriert von ihren politischen Führern. Die Zustimmung zur Hamas, die seit 2007 im Gazastreifen regiert, als auch zur Fatah/PLO im Westjordanland ist nur begrenzt. Viele Menschen in den besetzten Gebieten wünschen sich eine Verbesserung ihrer Lebenssituation. Diskutiert wird aber, ob dafür die Strategie des gewaltsamen Widerstands oder eher Verhandlungen zum Ziel führen könnten. Insgesamt werden aber die Chancen, überhaupt in absehbarer Zeit eine Verbesserung zu erreichen, als sehr gering eingeschätzt. Viele, vor allem jüngere Palästinenserinnen und Palästinenser, haben die Hoffnung auf einen eigenen Staat verloren.

*Bearbeiter*

## M3 Gegenseitige Bedrohung der Existenz verhindert Kompromisse

**Daniel Bar-Tal**
ist emeritierter Professor an der Universität Tel Aviv. Er beschäftigt sich in seinen Forschungen und Publikationen mit den sozialpsychologischen Ursachen, Wirkungen und Folgen des Konflikts.

Die Araber lehnten das Recht der Juden auf Selbstbestimmung und auf einen unabhängigen Staat strikt ab und weigerten sich sogar, die historische Verbindung der Juden zu ihrem Heimatland anzuerkennen. Im Gegensatz dazu setzte sich in Israel die Auffassung durch, dass das Ziel der Araber die vollständige Ausrottung der Juden sei, eine Art Fortsetzung der Shoa. Und in einer solchen Situation des „wir oder sie“ glaubten die Juden in Israel, dass sie ihre Existenz sichern müssten, auch wenn dies den Einsatz von Gewalt bedeutete, da schon eine einzige Niederlage zur Zerstörung des Staates führen könnte. […]

Die Araber betrachteten sich als „vorrangig“ in Bezug auf das Land und betrachteten die Juden, die hierhergekommen waren, als Einwanderer […]. Die Juden hingegen betrachteten das Land als ein Vermächtnis, das ihnen von Gott in der Thora versprochen wurde, […] als Zufluchtsort angesichts der Gefahren, denen das jüdische Volk ausgesetzt war und immer noch ist.

*Bar-Tal, Daniel: Unbekümmert in den Abgrund. Die Folgen von Konflikt und Besatzung für die jüdisch-israelische Gesellschaft. Berlin: AphorismA 2023, S. 37 f., Schriftenreihe des diAk – Band 46*

## M4 Karten: Veränderung der Territoriumsanteile 1947 bis heute

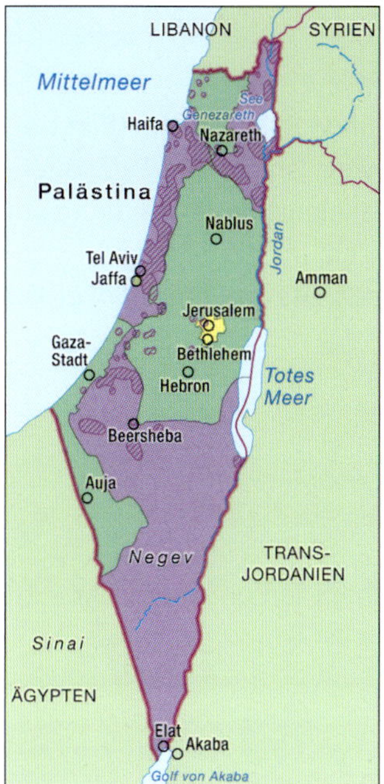


**1947**

- Grenze des britischen Mandatsgebietes (1922–Mai 1948)
- Staatsgrenze
- jüdischer Landbesitz in Palästina vor 1948

UN-Teilungsplan von November 1947

- arabischer Staat
- jüdischer Staat
- internationale Zone

0 100 km

© mr-kartographie, Gotha 2019

**1948–1967**

- Waffenstillstandslinie 1949 („Green Line")
- Staatsgrenze
- sonstige Grenze
- Israel bei Staatsgründung Mai 1948
- Israel 1949
- entmilitarisierte Gebiete, internationale Zone
- Westjordanland, 1948–1967 von Jordanien annektiert
- Gazastreifen, 1948–1967 von Ägypten verwaltet

**1967–1993**

- Staatsgrenze Israels
- Waffenstillstandslinie 1949 (noch nicht endgültig festgelegter Grenzverlauf)
- sonstige Staatsgrenze
- sonstige Grenze
- Israel
- von Israel besetztes Gebiet
- von Israel zeitweise besetztes Gebiet

1 Südlibanon: 1982 besetzt, 1985 bis 2000 Rückgabe an Libanon
2 Golanhöhen: 1981 von Israel annektiert
3 Pufferzone: weit 1975 von UN kontrolliert
4 Sinai-Halbinsel: 1967 von Israel besetzt, 1979–1982 Rückgabe an Ägypten
5 geteilte Stadt Jersalem: Ortsteil 1967 von Israel besetzt, 1980 annektiert

**seit 1995**

- Staatsgrenze Israels
- Waffenstillstandslinie 1949 (noch nicht endgültig festgelegter Grenzverlauf)
- sonstige Staatsgrenze
- sonstige Grenze
- Israel
- Golanhöhen: zu Syrien, von Israel annektiert
- Jerusalem: politischer Status international umstritten

palästinensische Gebiete:

- Autonomiegebiet unter palästinensischer Selbstverwaltung
- palästinensiche Zivilverwaltung, Sicherheit durch israelische Militärpräsenz
- von Israel kontrolliertes Gebiet

Gebiete unter UN-Kontrolle:

- Golanhöhen UNDOF, Südlibanon UNIFIL

*© mr-kartographie, Gotha: Erstveröffentlichung: Informationen zur politischen Bildung. Nr. 336, 1/2018. Israel. In: Bundeszentrale für politische Bildung/bpb, Bonn.*

## Aufgaben

72470-016

1. Erarbeitet jeweils in Gruppenarbeit die israelische und die palästinensische Perspektive auf die zentralen Ereignisse im Nahostkonflikt (**M2**). Verdeutlicht die Entwicklungen anhand der Karten (**M4**).
2. Tragt die Ereignisse in **M2** in einen Zeitstrahl ein. Diskutiert, ob diese jeweils eine Aktion oder Reaktion der Konfliktparteien darstellen.
3. Erläutert das Zitat von Daniel Bar Tal (**M3**) anhand konkreter Ereignisse in der Konfliktgeschichte.
4. Hat sich die Lage seit Konfliktbeginn verbessert oder verschlimmert (und für wen)? Beurteilt die wichtigen Ereignisse im Nahostkonflikt.

**Bonus zu Aufgabe 1**
Versetzt euch in die Rolle eines „Zeitzeugen". Schildert in Form einer kleinen Rede aus israelischer oder palästinensischer Sicht, wie ihr die verschiedenen Ereignisse in **M2** erinnert und welche Auswirkungen diese auf die heutige Zeit besitzen.

# 5. Jerusalem

## Der Nahostkonflikt – ein religiöser Konflikt!?

Oft wird behauptet, dass es sich beim Nahostkonflikt um einen religiösen Konflikt zwischen Juden und Muslimen handelt. Allerdings sehen das viele Israelis und Palästinenserinnen und Palästinenser gar nicht so. Vielmehr benutzen einige Konfliktakteure auf beiden Seiten die Religion, um den Konflikt weiter aufzuheizen und die eigenen – exklusiven – Ansprüche herauszustellen. Ihr sollt am Beispiel des Streits um Jerusalem diskutieren, welche Rolle die Religion im Nahostkonflikt spielt.

### Einstiegsaufgabe

72470-017

Vergleicht die beiden Zeitungsüberschriften in **M1**. Welcher Position stimmt ihr zu?

### M1 Welche Rolle spielt die Religion?

**a Droht ein Religionskrieg im Heiligen Land?**

**Nach dem Anschlag auf eine Synagoge in Jerusalem warnen Beobachter, dass sich der Nahostkonflikt in einen religiösen Konflikt verwandelt. Ist er das nicht längst?**

*In: www.zeit.de, 19.11.2014*

**b Nahost-Konflikt kein religiöses Problem**

**Der ehemalige israelische Botschafter in Deutschland, Shimon Stein, und der Jerusalemer Geschichtsprofessor Mosche Zimmermann haben [...] davor gewarnt, den Nahost-Konflikt religiös aufzuladen. Es gehe beim Thema Israel-Palästina letztendlich um ein politisches Problem [...].**

*© epd. In: www.evangelisch.de, 02.09.2022*

### M2 Die Rolle der Religion und der heiligen Stätten

**a Welche Rolle spielt die Religion im Konflikt?**

Israel versteht sich selbst sowohl als jüdischer als auch als demokratischer Staat. Tatsächlich sind auch etwa 73 % aller Israelis Jüdinnen und Juden. Doch das heißt nicht, dass diese sich alle als religiös bezeichnen würden. Für viele spielt Religion nur eine untergeordnete Rolle im Alltag, 45 % bezeichnen sich sogar als nicht religiös. Für sie geht es im Nahostkonflikt vor allem um das Judentum als Volk und Nation. Sie messen den heiligen Stätten des Judentums kaum religiöse Bedeutung zu, sondern vor allem nationale. Allerdings ist der Einfluss streng gläubiger Jüdinnen und Juden in der israelischen Regierung größer als ihr Anteil an der Bevölkerung, da sie in den letzten Jahren fast immer für eine Regierungsbildung benötigt wurden. Insbesondere nationalreligiöse Parteien der israelischen Siedler versuchen den Nahostkonflikt als religiösen Konflikt (jüdische gegen muslimische Bevölkerung) darzustellen.

In der palästinensischen Bevölkerung bezeichnen sich etwa 75 % als religiös. Die meisten gehören dem sunnitischen Islam an. Doch diese Religiosität bedeutet nicht, dass alle Gläubigen auch den Konflikt als religiösen Konflikt sehen. Für die meisten Palästinenserinnen und Palästinenser geht es vor allem um die Gründung eines eigenen Staates, über den sie selbst bestimmen können und um ihre eigenen Rechte. Die palästinensische Partei Fatah mit Präsident Mahmud Abbas tritt im Konflikt eher wenig religiös auf, sondern äußert vor allem nationale Argumente. Für sie ist der Tempelberg in Jerusalem auch eher ein nationales denn ein religiöses Symbol. Die Hamas dagegen ist eine islamistische Bewegung. Ihr geht es darum, den Konflikt religiös aufzuladen und die Ansprüche auf das Land religiös zu begründen. Sowohl in Israel als auch in Palästina ist in den letzten Jahren zu beobachten, dass immer mehr Menschen den Konflikt auch als religiösen Konflikt sehen, obwohl dieser im Ursprung vor allem ein nichtreligiöser Konflikt um das Land war. Sowohl die Hamas als auch nationalreligiöse Politiker in Israel verbinden diesen religiösen Anspruch auf das Land und die Heiligen Stätten damit, dass nur sie das alleinige Recht über diese Orte hätten, weil dies Gottes Wille sei. Damit wird von diesen Konfliktakteuren die Religion so benutzt, dass sie konfliktverschärfend wirkt.

*Bearbeiter*

## b Jerusalem – welche Bedeutung haben die Heiligen Stätten?

1 **Der Felsendom:** Nach islamischer Überlieferung ist der Prophet Mohammed in Jerusalem von einem Felsen auf seinem Himmelspferd Buraq in den Himmel aufgestiegen. Der Felsendom ist ein heiliger Schrein, der um diesen Felsen herum gebaut wurde.

2 **Die Al-Aqsa-Moschee** ist nach Mekka und Medina die drittheiligste Moschee im Islam. Für die Muslime gilt der ganze Tempelberg, auf Arabisch Haram al-Sharif, als heilig.

*Nach: Katholische Nachrichtenagentur/isotype.com*

3 **Die Westmauer (Klagemauer):** Der Tempelberg ist der heiligste Ort im Judentum. Hier standen der erste und der zweite Tempel, die beide zerstört wurden. Seitdem haben die Juden keinen Tempel mehr, sie beten stattdessen an den Resten der alten Stützmauer des Tempelbergs, die von den Juden als Westmauer bezeichnet wird.

## M3 Warum spielt der Tempelberg in Jerusalem eine so wichtige Rolle im Konflikt?

1

Israelische Polizisten vor dem Felsendom auf dem Tempelberg/Haram al-Sharif, 2017

2

Gewaltsame Auseinandersetzungen auf dem Tempelberg/Haram al-Sharif zwischen israelischen Polizisten und Palästinensern, 2019

3

In den letzten Jahren unterstützen nationalistische und religiöse Politiker wie Itamar Ben Gvir Besitzansprüche auf den Tempelberg/Haram al-Sharif. Für ihn sind die heiligen Orte der Beweis, dass Jüdinnen und Juden schon vor zweitausend Jahren dort lebten und herrschten. Dieser Anspruch soll seiner Meinung nach auch heute wieder durchgesetzt werden.

*Jerusalem steht im Zentrum des israelisch-palästinensischen Konflikts. Insbesondere am Tempelberg/Haram al-Sharif entzünden sich immer wieder Konflikte und die Gewalt eskaliert. So löste der israelische Politiker Ariel Sharon mit seinem Besuch auf dem Tempelberg im Jahr 2000 die Zweite Intifada aus (→ Kap. 4, S. 29).*
*Auch der elftägige Krieg zwischen der Hamas und Israel 2021 begann mit gewaltsamen Zusammenstößen zwischen der israelischen Polizei und Palästinenserinnen und Palästinensern in der Al-Aqsa-Moschee.*

**Jüdische Perspektiven**

Jüdinnen und Juden beten seit der Zerstörung des zweiten Tempels 70 n. Chr. (→ Kap. 3 , S. 20) für den Bau eines dritten Tempels. Dieser soll auf dem Tempelberg entstehen. Allerdings glauben die meisten jüdischen Gläubigen, dass der dritte Tempel nicht von den Menschen gebaut wird, sondern von Gott auf die Erde geschickt wird.
Die Aufgabe des jüdischen Volkes ist es, für den Bau des Tempels zu beten. Sie akzeptieren daher die heutige Situation, die es nur Musliminnen und Muslimen erlaubt, auf dem Tempelberg zu beten. Viele jüdische Rabbiner gehen sogar noch weiter und verbieten es ihren Anhängern, das Gelände um den Felsendom zu betreten.
Viele nationalreligiöse Juden fordern dagegen, allen Jüdinnen und Juden den Zugang zum Tempelberg schon jetzt zu gestatten. Sie lehnen die derzeitige Regelung zwischen den Religionsgemeinschaften ab und möchten auch Gebete organisieren. Sie wollen den Anspruch auf den heiligen Ort des Judentums demonstrieren, der auch in Verhandlungen nicht aufgegeben werden dürfe. Die kleine „Tempel-Jetzt-Bewegung" geht sogar noch weiter und möchte einen möglichst schnellen Wiederaufbau des Tempels an der Stelle, wo heute der Felsendom steht.
Da viele Jüdinnen und Juden gar nicht religiös sind, ist ihnen viel wichtiger, dass Jerusalem die Hauptstadt Israels bleibt.

**Muslimisch-palästinensische Perspektiven**

Der „Haram al-Sharif" genannte Tempelberg ist eine wichtige religiöse Stätte des Islam. Die Palästinenserinnen und Palästinenser sehen es als ihre religiöse und nationale Aufgabe an, den Felsendom und die Al-Aqsa-Moschee zu bewahren und zu verteidigen. Zudem ist Jerusalem und der Tempelberg zu einem nationalen Symbol geworden, das die palästinensische Bevölkerung in Gaza, dem Westjordanland, Jerusalem, Israel und weltweit miteinander verbindet und ihren Anspruch auf einen eigenen Staat ausdrückt. Sie fordern deshalb auch, dass Jerusalem zur Hauptstadt des palästinensischen Staates werden soll.
Insbesondere an religiösen Feiertagen kommt es immer wieder zu Auseinandersetzungen. So beschränkt Israel beispielsweise während des Ramadans den Zugang zum Tempelberg, was zu Protesten führt. Die zunehmenden Besuche religiöser Jüdinnen und Juden werden als Bedrohung des muslimischen und palästinensischen Anspruchs auf den Haram al-Sharif aufgefasst. So begründete die islamistische Terrororganisation Hamas ihren Angriff auf Israel im Jahr 2021 mit der Verteidigung der religiösen Stätten und präsentierte sich als „Beschützer der Al-Aqsa-Moschee". Sie und auch andere Palästinenserinnen und Palästinenser lehnen jüdische Ansprüche auf den Tempelberg insgesamt ab.

*Bearbeiter*

## M4 Juden, Christen und Muslime in Israel: Frieden mit Abrahams Hilfe?

*Er war ein Nomade und wanderte [...] ins Gelobte Land, das heutige Israel: Abraham, der Stammvater von Juden, Christen und Muslimen. Immer öfter besinnen sich die drei Religionen auf ihre gemeinsamen Wurzeln.*

An diesem Abend treffen sie das sogenannte Abrahamic Team: Vertreter der drei abrahamitischen Religionen Judentum, Christentum und Islam. Die jüdische Menschenrechtsorganisation „Rabbis for Human Rights" organisiert Treffen dieser Art. Mit dabei sind eine Islamgelehrte, ein Pfarrer und der Reformrabbiner Levi Weiman Kelman: „Das Programm soll zeigen: Mitglieder verschiedener religiöser Traditionen beziehen unterschiedliche Positionen und sind uneins – das aber mit Respekt oder sogar liebevoll. Das ist gerade hier so wichtig, wo Streit oft zu Gewalt führt."

Die drei Religionsvertreter sprechen an diesem Abend über Menschenwürde. Sie schildern die Sichtweisen ihrer Religionen, zeigen Gemeinsamkeiten auf. Schließlich haben sie alle die gleichen Wurzeln, wie die Islamgelehrte Layla Abed Rabo erklärt: „Es ist mir wichtig, an diesen Treffen teilzunehmen, weil wir alle Kinder Abrahams sind. Es ist wichtig, dass wir uns zusammensetzen, um den jungen Menschen zu zeigen, dass es Gemeinsamkeiten zwischen den Religionen gibt. Und auf diesen Gemeinsamkeiten können wir einen Dialog aufbauen, um Koexistenz zu fördern." [...] Dialog und Verständigung im Namen Abrahams, auf den Spuren des Stammvaters – das hat[te zumindest damals] Konjunktur, in jenem Land, das von einigen als heilig bezeichnet wird und doch von Konflikten geprägt ist.

*Kaufmann, Lissy: Frieden mit Abrahams Hilfe? In: www.deutschlandfunk.de, 10.01.2017*

Die Ikone „Apa Abraham" im Berliner Bode-Museum, 2015 zu sehen in der Ausstellung „Ein Gott"

### Aufgaben

72470-018

**Hilfe** **zu Aufgabe 1**
Achtet dabei auf die Unterschiede in den jeweiligen Gesellschaften.

1. Erarbeitet anhand von **M2** und **M3**, welche Rolle die Religion für die Israelis sowie für die Palästinenserinnen und Palästinenser im Konflikt spielt.
2. Erklärt, welche Forderungen die Israelis sowie die Palästinenserinnen und Palästinenser in Bezug auf Jerusalem und den Tempelberg haben (**M2**, **M3**).
3. Analysiert, warum es gerade auf dem Tempelberg in Jerusalem oft gewalttätige Auseinandersetzungen gibt (**M2**, **M3**).
4. Diskutiert, ob Religion eher den Konflikt verschärft oder auch als Friedensstifter wirken kann (**M3**, **M4**).

# 6. Das besetzte Westjordanland

## Soll die Besatzung beendet werden?

Das Westjordanland und der Gazastreifen stehen seit dem Sechs-Tage-Krieg 1967 unter der Kontrolle des israelischen Militärs. Dieser Zustand der Besatzung ist international sehr umstritten, weil darunter die palästinensische Bevölkerung leidet und die Besatzung bereits mehr als ein halbes Jahrhundert andauert. Sowohl in Israel als auch international wird oft von Israel gefordert, die Besatzung endlich zu beenden. Aber warum geschieht das nicht? Dieser Frage sollt ihr in diesem Kapitel nachgehen.

### Einstiegsaufgaben

72470-019

1. Beschreibt **M1** a und b.
2. Diskutiert: Inwiefern könnten diese Materialien in einem Zusammenhang zueinander stehen?
3. Ihr seid Mitglied der israelischen Regierung: Welcher Forderung in **M1** c stimmt ihr zu? Begründet.

### M1 Wie soll der Gewalt in Israel und im Westjordanland begegnet werden?

a

**Tödlicher Anschlag bei Tel Aviv in Israel**

**Seit Beginn des Israel-Hamas-Krieges Anfang Oktober [2023] hat sich auch die Sicherheitslage in israelischen Städten verschärft. Nun wird ein Anschlag aus Raanana nördlich von Tel Aviv gemeldet.**

Ermittlungen am mutmaßlichen Anschlagort in Raanana

*In: www.dw.com, 15.01.2024*

b

Ein palästinensischer Junge wird von israelischen Soldaten festgenommen. Westjordanland, 2010

c

1) Das Westjordanland und der Gazastreifen müssen weiterhin unter der Kontrolle des israelischen Militärs bleiben. Nur so können die Gefahr von Terroranschlägen verringert und israelische Bürger geschützt werden.

2) Die israelischen Soldaten müssen endlich aus dem Westjordanland und Gaza abziehen. Das Leid der Palästinenserinnen und Palästinenser ist einfach zu groß und sie müssen sich endlich dort frei bewegen dürfen.

*Bearbeiter*

## M2 Das besetzte Westjordanland

An den **Checkpoints** (Kontrollstellen) prüft die israelische Armee die Ausweise der Palästinenserinnen und Palästinenser sowie deren Berechtigung, ein bestimmtes Gebiet zu betreten.

**Faktische Annexion**
Das Gebiet wird so von Israel behandelt und angesehen, als wäre es tatsächlich israelisches Staatsgebiet.

Straßenblockade des israelischen Militärs im Westjordanland, Nähe Nablus, 2023

### a Was heißt Besatzung?

Nach dem Sechs-Tage-Krieg 1967 (→ S. 27) erklärte Israel das Golan-Gebirge und Ost-Jerusalem zum israelischen Staatsgebiet. Diese Annexion wird aber von den meisten Staaten nicht anerkannt. Das Westjordanland und der Gazastreifen wurden 1967 unter israelische Militärverwaltung gestellt und damit besetzt. Besatzung bedeutet, dass die dort lebende palästinensische Bevölkerung keinen eigenen Staat hat, über den sie selbst entscheiden darf. Die Entscheidungsgewalt liegt beim israelischen Militär. Sie kontrollieren die palästinensische Bevölkerung und die Grenzen zu Israel und zu den umliegenden Staaten. 2005 zog sich Israel aus dem Gazastreifen zurück. Im Westjordanland erhielten die Palästinenserinnen und Palästinenser durch den Oslo-Friedensprozess (→ S. 29) 1995 in bestimmten Gebieten eingeschränkte Selbstverwaltungsrechte (→ S. 31, **M4**). Die Besatzung zeigt sich deutlich in der Sperranlage zwischen Israel und dem Westjordanland (teilweise als Mauer) und in den vielen Checkpoints und Straßenblockaden, mit denen die palästinensische Bevölkerung kontrolliert und in ihrer Bewegungsfreiheit eingeschränkt wird.
Auch die völkerrechtswidrigen israelischen Siedlungen im Westjordanland (**M2b**) und die Zufahrtsstraßen zu diesen Siedlungen zerstückeln und verkleinern die palästinensischen Gebiete. Weil die Besatzung schon so lange andauert, ist bei vielen Palästinenserinnen und Palästinensern der Frust und die Angst groß, dass die Besatzung niemals beendet wird. Der Widerstand gegen die Besatzung verbindet deshalb nahezu alle Menschen in der palästinensischen Gesellschaft, auch wenn diese sonst unterschiedliche Auffassungen haben. In der israelischen Gesellschaft wird dagegen darüber diskutiert, ob die Besatzung die erhoffte Sicherheit schafft oder eher für mehr Gewalt und Terror sorgt.

*Bearbeiter*

Die Sperrmauer zwischen Israel und dem Westjordanland, hier in der Nähe von Jerusalem, 2023

**Die Besatzung und das Völkerrecht**
Im Juli 2024 entschied der Internationale Gerichtshof (IGH) in Den Haag in einem Gutachten, dass die anhaltende Besatzung des Westjordanlandes, des Gazastreifens und von Ost-Jerusalem gegen das Völkerrecht verstoße. Israel sei deshalb dazu verpflichtet, die Besatzung „so schnell wie möglich" zu beenden. Eine Besatzung dürfe nur vorübergehend und nicht dauerhaft sein. Da aber Israel in den besetzten Gebieten Siedlungen und Straßen baue und damit Land der palästinensischen Bevölkerung enteigne, betreibe es eine „faktische Annexion" des Westjordanlandes. Besetztes Gebiet dürfe aber nicht gewaltsam dem eigenen Gebiet einverleibt werden. Jedoch müssten die Sicherheitsinteressen Israels bei einer Beendigung der Besatzung durchaus berücksichtigt werden.
Die Entscheidung des Gerichts ist nicht bindend. Allerdings genießt das Gericht international hohes Ansehen, wodurch der Druck auf Israel zunehmen könnte.

*Bearbeiter*

## b Karte: Westjordanland

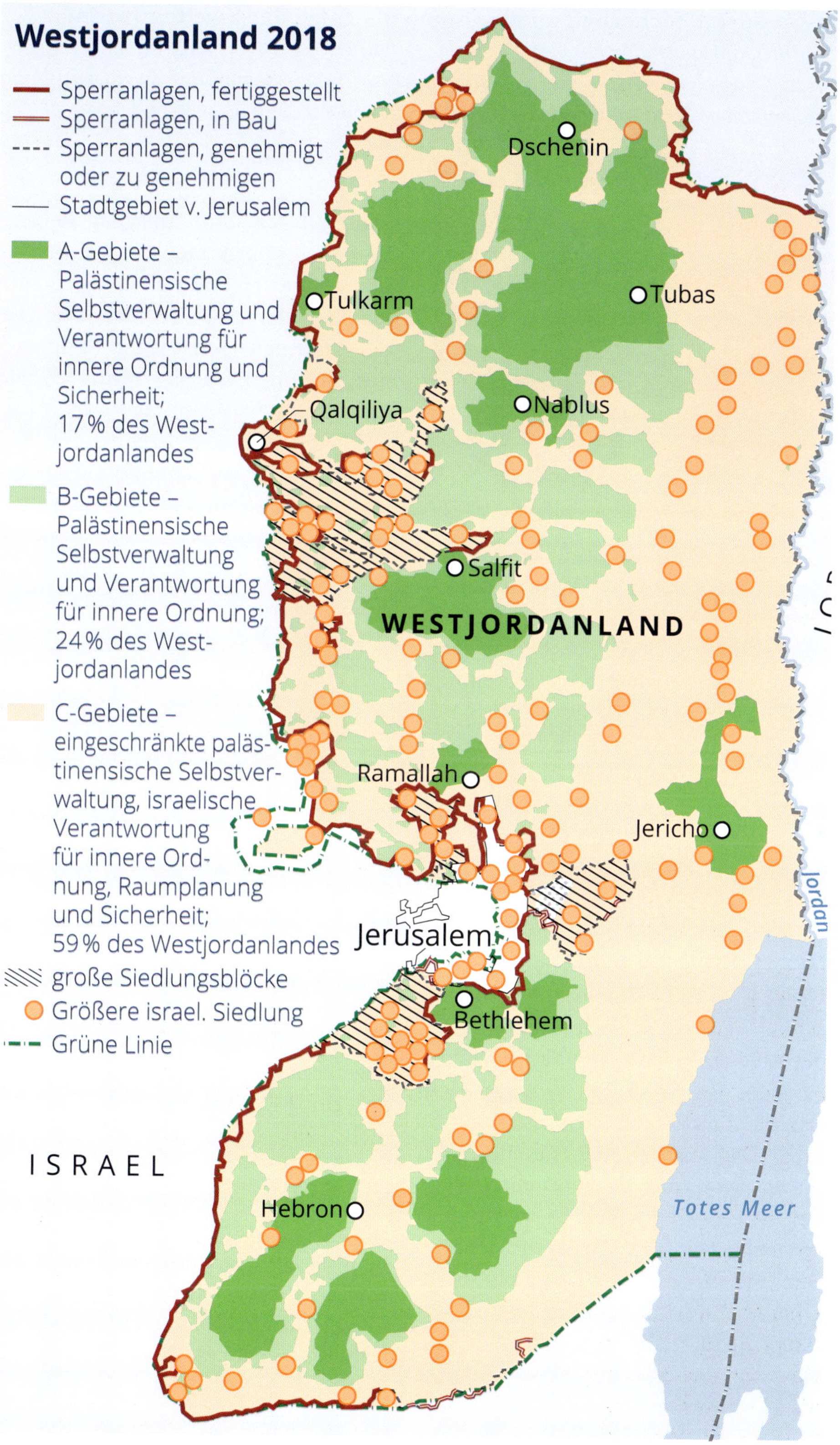


© *Peter Palm, Berlin*

**Karte: Aktuelle Checkpoints und Straßenblockaden im Westjordanland (Stand: August 2023)**

72470-020

**Grüne Linie**
bezeichnet die Waffenstillstandslinie zwischen Israel und den arabischen Staaten, die nach dem Krieg 1948 (→Kap. 4) in einem Waffenstillstandsabkommen festgehalten wurde. Sie gilt informell als völkerrechtlich zulässiger Grenzverlauf des Staates Israel.

## M3 Die Besatzung aus israelischer Perspektive

### a Verstärkte Sicherheitsmaßnahmen als Folge der Zweiten Intifada

*Um die Jahrtausendwende setzten viele Menschen noch Hoffnung in den Friedensprozess zwischen Israelis und Palästinensern. Mit dem Beginn der Zweiten Intifada im September 2000 schwand sie fast völlig.*

Im August 2001 sprengte sich ein palästinensischer Selbstmordattentäter in einer Pizzeria in Jerusalem in die Luft – acht Menschen starben, mehr als 70 wurden verletzt.

Es war eine angespannte Zeit. Israelis sprechen bis heute vom „schwarzen März", weil sich so viele palästinensische Selbstmordattentäter in die Luft sprengten. […] Das Attentat auf das Park-Hotel ereignete sich an einem ganz besonderen Abend. Juden auf der ganzen Welt feierten den Seder-Abend und begannen damit das Pessach-Fest. Es war der verheerendste Selbstmordanschlag während der gesamten zweiten Intifada. Die Hamas-Bewegung übernahm die Verantwortung. 30 Menschen wurden getötet […]. Über 100 Menschen wurden verletzt. […] Die Nachricht vom Anschlag verbreitete sich schnell. Der deutsch-israelische Soziologe Natan Sznaider war in Tel Aviv, wo er den Beginn von Pessach mit Freunden feierte. „Das war der Seder-Abend. Und dieses Tabu, das da gebrochen worden ist. Also eine Bombe zu zünden an einem Feiertag. Wo Leute gemeinsam sitzen. Alte Leute. Holocaust-Überlebende. Ich glaube, danach war Israel nicht mehr das gleiche Land. Das war ein einschneidendes Erlebnis." Der Anschlag auf das Park-Hotel […] war ein Wendepunkt in den fast fünf Jahren der zweiten Intifada, jenem palästinensischen Aufstand gegen Israel, der von 2000 bis 2005 währte. Nach dem Anschlag begann die israelische Armee eine Militäroffensive und rückte tief in die Städte des besetzten Westjordanlandes vor. […] Tamir gehörte zu jenen in der Armee, die eine Offensive forderten, die die palästinensischen Städte im Westjordanland zum Ziel haben sollte. […] Die „Operation Schutzschild", sagt der frühere Kommandeur, habe die Voraussetzungen geschaffen, um dem Terror langfristig Einhalt zu gebieten, ihn zu unterbinden. […] Heute gibt es in Städten wie Tel Aviv und Haifa praktisch keine schweren Terroranschläge mehr. Israel führt dies auch auf die inzwischen erbaute Sperranlage zurück. Sie besteht aus Zäunen und Mauern. Die ersten entstanden im Jahr der schweren Gewalt vor 20 Jahren. Aus Sicht der Palästinenser geht es bei der Sperranlage aber nicht um Sicherheit, sondern darum, die Palästinenser abzuschotten. Ihnen den Zugang zum Beispiel nach Jerusalem zu verwehren. Außerdem verleibe sich Israel durch den Verlauf der Sperranlage Teile des Westjordanlandes ein. […] Die zweite Intifada hat nicht nur Menschenleben zerstört. Sondern auch den gemeinsamen Alltag zwischen Israelis und Palästinensern. Sie trennt die beiden Völker bis heute. […] „Sie vertrauen uns nicht und wir vertrauen ihnen nicht", sagt Moshe Tamir, der ehemalige israelische Brigadegeneral.

*Hammer, Benjamin: 20 Jahre nach dem Höhepunkt der zweiten Intifada. In: www.deutschlandfunk.de, 26.03.2022*

## b Wie viele Todesopfer gab es durch Terroranschläge in Israel?

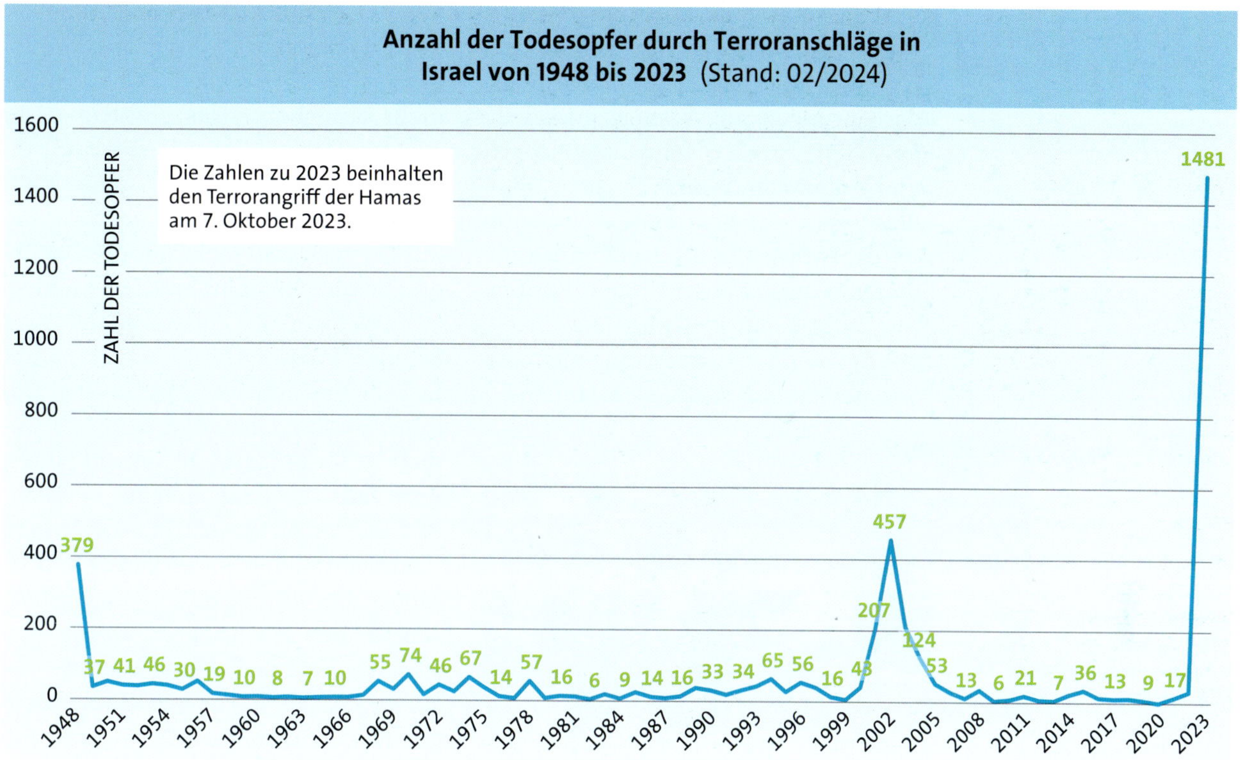


© C.C.Buchner Verlag, Daten nach: AICE / Jewish Virtual Library, 2024

## c Wie viele Todesopfer und Verletzte gab es in der palästinensischen Bevölkerung?

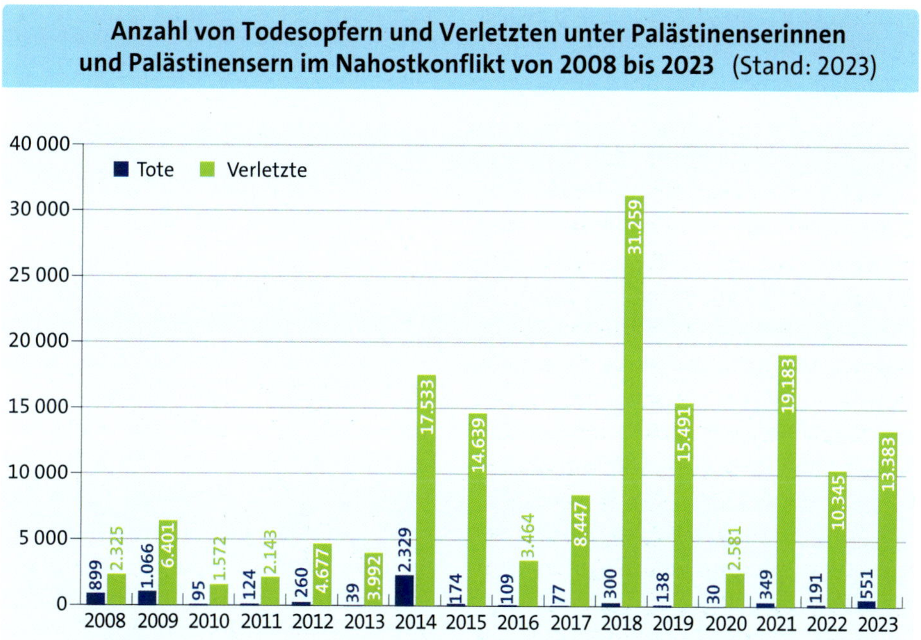


Nach: Statista 2024, Datenquelle: www.ochaopt.org

**Hinweis zur Grafik in M3 c**
Ohne Opferzahlen im Gazastreifen seit dem 7. Oktober 2023. Diese werden von der UN hinzugefügt, sobald sie unabhängig verifiziert werden konnten.
Laut Schätzungen gab es seit Kriegsbeginn rund 40.000 Tote und mehr als 90.000 Verletzte (→ S. 48).

## M4 Die Besatzung aus palästinensischer Sicht

### a Palästinenserinnen und Palästinenser berichten aus ihrem Alltag

Nach dem Angriff der Hamas am 7. Oktober hat Israel die Sicherheitsvorkehrungen im Westjordanland intensiviert, Straßen teilweise gesperrt und zunehmend Razzien in Flüchtlingslagern und Städten wie Dschenin durchgeführt, die als Hochburg militanter Palästinenser*innen gelten. Auch die Kontrollen an den Checkpoints seien jetzt länger und aggressiver, berichten Palästinenser*innen.

Kontrolle durch das israelische Militär im Westjordanland in der Nähe der Siedlung Ariel, 2019

Für Schülerin Lina, deren Familie teilweise in Jerusalem lebt, ist es nicht immer leicht, Verwandte zu besuchen. „Ich habe ein ähnliches Problem", schließt sich eine weitere Schülerin, Zayna [Name von der Redaktion geändert], an. „Meine Familie lebt in Nazareth, aber ich konnte sie wegen der Checkpoints und der Siedler, die aggressiver geworden sind, nicht mehr besuchen." Das Problem ist in der Westbank [= Westjordanland] eigentlich nicht neu. Nur, jetzt hätte sich die Lage zugespitzt, erklärt sie. [...] Doch es sind nicht nur die Checkpoints, die den Schulbetrieb erschweren. Weniger als ein Kilometer vom Schulgelände entfernt schreien seit Beginn des Konflikts jeden Tag Demonstrierende ihre Wut heraus, skandieren Kampfparolen, lassen ihren Zorn raus, auf Israel und auf die Welt. Am Tag vor unserem Treffen wurde in dem Stadtteil ein Jugendlicher von israelischen Streitkräften angeschossen. In den Nachrichten und in den sozialen Netzwerken laufen pausenlos Bilder der Zerstörung in Gaza. Manche Kinder, manche Lehrer*innen haben dort Familie. Einige haben Angehörige bei den Luftschlägen verloren: Kinder, Männer, Frauen, Neffen, Brüder, Nichten. [...] [V]iele Jugendliche wollen eine Zukunft haben. Sie träumen weiter, dem Konflikt zum Trotz.

*Bilanceri, Serena: Träumen, trotz Krieg. In: www.taz.de, 07.11.2023*

### b Amira (28) aus Nablus erzählt:

„Wenn ich von Ramallah nach Nablus fahre, muss ich durch einen Checkpoint. Ist der auf oder zu? Schaffen wir es am Wochenende zu unseren Familien oder ist der Weg zu gefährlich? All das geht uns durch den Kopf. Und dann lachen wir und albern rum. In Palästina existieren alle Gefühle gleichzeitig. Wenn ich freihabe, besuche ich meine Eltern in Nablus. Auf der Fahrt bin ich schockiert über immer neue Siedlungen. Darüber, mit welcher Selbstverständlichkeit bewaffnete Siedler:innen in unseren Dörfern einkaufen und ihre Autos waschen. [...] Ich teile Informationen in sozialen Medien. Ich sage der Welt: Hey, wir existieren! Und ihr sollt wissen, dass wir gebildet und neugierig auf die Welt sind. Palästinenser:innen wissen viel über die Welt, auch wenn die Welt kaum etwas über uns weiß. Genau das beschreibt für mich das Leben unter Besatzung. Dass ich anderen und auch mir selbst jeden Tag aufs Neue klarmachen muss, dass ich ein Mensch bin und nicht einfach eine Zahl. Ein gutes Leben verdiene."

*Jabarine, Alena: „Wir sollen verschwinden". In: www.zeit.de, 17.03.2023*

### c Wie sollte die Besatzung aus palästinensischer Sicht beendet werden?

**Umfrage in der palästinensischen Bevölkerung:**
**Welches ist der beste Weg, um die Besatzung zu beenden?** (Stand: 09/2023)

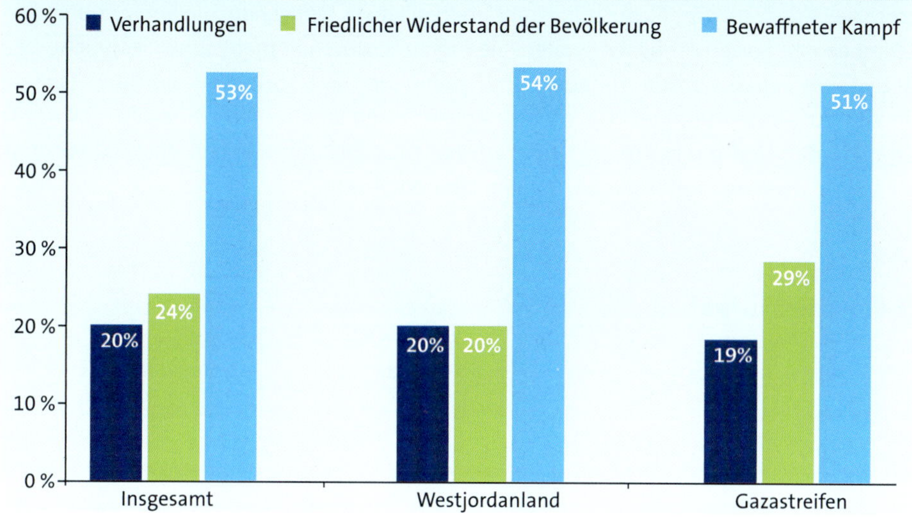


*© C.C.Buchner Verlag, Daten nach: Palastinian Center for POLICY and SURVEY RESEARCH, Public Opinion Poll No (91), 2023*

## M5 Wie prägt die Besatzung die Wahrnehmung der anderen Seite?

Die israelische und palästinensische Bevölkerung begegnet sich vor allem dann, wenn Israelis ihren Wehrdienst im Westjordanland leisten oder sich dort ansiedeln.

**Aus Sicht der Israelis:**
Wir sehen euch vor allem als Sicherheitsbedrohung.

**Aus Sicht der palästinensischen Bevölkerung:**
Wir sehen euch vor allem als Bedrohung unserer Freiheit und unserer Rechte.

*Bearbeiter*

Zusatzmaterial:
Wie Jugendliche den Konflikt erleben
72470-021

## Aufgaben

72470-022

1. Erläutert die Besatzung des Westjordanlandes (**M2** a) anhand der Karte **M2** b.
2. a) Ermittelt Gründe und Folgen der Besatzung aus israelischer Sicht (**M3** a–c).
   b) Ermittelt Gründe und Folgen der Besatzung aus palästinensischer Sicht (**M4** a–c).
   c) Stellt die jeweiligen Sichtweisen in einer Tabelle gegenüber.
3. Diskutiert mithilfe von **M3** und **M4**: Schafft die Besatzung Sicherheit oder eher Unsicherheit (und für wen)?
4. Beurteilt zuerst aus palästinensischer, dann aus israelischer und dann aus eurer eigenen Sicht: Soll die Besatzung beendet werden?

# 7. Miteinander leben im Nahostkonflikt

## (Wie) Ist Versöhnung möglich?

Trotz des Konflikts gibt es auch in Israel und Palästina Menschen, die Versöhnung zwischen beiden Seiten erreichen wollen. Sie möchten durch gemeinsame Gespräche und Aktivitäten Feindschaften abbauen und Israelis und Palästinenserinnen und Palästinenser zusammenbringen. Durch das gegenseitige Kennenlernen sollen Vorurteile überwunden und die Hoffnung auf ein friedliches Zusammenleben gestärkt werden. Ihr sollt in diesem Kapitel solche Projekte kennenlernen.

### Einstiegsaufgaben 72470-023

1. Erzählt die Situation von Nasser und Rahel (**M1**) mit eigenen Worten.
2. Versetzt euch in die Rolle von Nasser und Rahel und spielt ein Gespräch über ihre Ängste, Träume und Wünsche nach.

### M1 Getrennt leben – zusammen leben?! Nasser und Rahel erzählen aus ihrem Leben

**1 Rahel – ein jüdisches Mädchen aus West-Jerusalem**
Mein Name ist Rahel. Ich bin neun Jahre alt und lebe ich West-Jerusalem in Israel. Ich gehe in die dritte Klasse.
In der Nähe unserer Schule hat unsere Regierung eine sehr hohe Mauer gebaut. Unser Lehrer hat uns erklärt, dass die Mauer uns vor den Palästinensern beschützt. Aus Angst vor Bombenanschlägen verbieten meine Eltern mir, mit dem Bus zu meiner Freundin zu fahren. Darum spiele ich oft zuhause in unserem Garten.
Meine große Schwester beendet im Sommer die Schule. Dann muss sie für zwei Jahre zur Armee. Sie sagt, wir müssten unser Land verteidigen. Ich habe Angst, dass ihr etwas passiert.
Eigentlich geht es uns besser als den Palästinensern. Trotzdem habe ich manchmal Angst. Ich verstehe nicht, warum die Palästinenser uns bedrohen. Warum hassen sie uns Israelis?
Und wenn ich darüber nachdenke, kenne ich auch keine Palästinenser. Dabei wohnen sie direkt hinter der Mauer.

**2 Nasser – ein palästinensischer Junge aus Ost-Jerusalem**
Mein Name ist Nasser. Ich bin Palästinenser und wohne in Ost-Jerusalem. Ich bin zehn Jahre alt und gehe in die vierte Klasse.
In meiner Heimatstadt wurde eine sehr hohe Mauer gebaut. Von den Israelis. Ich glaube sie haben Angst vor uns Palästinensern. Ich kann seitdem nicht mehr auf der großen Wiese Fussball spielen. Denn die Wiese ist jetzt hinter der Mauer. Dabei will ich doch Fussballspieler werden. Dafür muss ich viel trainieren.
Ich kann mit meinen Freunden nur noch auf der Straße spielen. Das ist gefährlich. An vielen Stellen kontrollieren israelische Soldaten die Palästinenser. Meine Eltern haben mir verboten, den Soldaten zu nahe zu kommen.
Ich finde es ungerecht, dass wir keinen Platz zum Spielen haben. Ich habe den Israelis doch gar nichts getan! Manchmal bin ich deshalb richtig wütend. Ich verstehe nicht, warum die Israelis das tun. Haben sie wirklich Angst vor uns? Und wenn ich darüber nachdenke, kenne ich auch keine Israelis. Dabei wohnen sie direkt hinter der Mauer.

*Forum Ziviler Friedensdienst (ZfD): Gewaltfreiheit lernen in einer Umgebung der Gewalt. Unterrichtsreihe zum Thema Israel und Palästina, Bonn 2010, S. 7*

## M2 Friedensinitiativen in Israel und Palästina

### a Wahat al-Salam/Neve-Shalom – Oase des Friedens

In der Nähe von Jerusalem, direkt an der Grenze zwischen Israel und dem Westjordanland, liegt ein besonderes Dorf. Es hat einen hebräischen und einen arabischen Namen: Wahat al-Salam und Neve Shalom. Beide Namen bedeuten: „Oase des Friedens." Das Dorf wurde in den 1970er Jahren von jüdischen und palästinensischen Israelis gegründet, die gleichberechtigt zusammenleben wollten. Heute leben etwa 50 arabische und 50 jüdische Familien zusammen. Sie entscheiden gemeinsam über die Entwicklung des Dorfes, die Kinder gehen in eine gemeinsame Schule, in der auf Hebräisch und Arabisch unterrichtet wird.

**Die Schule für den Frieden**

Außerdem haben sie die „Schule für den Frieden" gegründet. Dort werden Kurse angeboten, in denen Israelis und Palästinenser die Sichtweise der anderen kennenlernen. Sie setzen sich dabei auch mit dem unterschiedlichen Blick auf die Geschichte des Konflikts auseinander und lernen, warum der Unabhängigkeitstag für jüdische Israelis ein Tag der Freude ist, während Palästinenser ihn als Nakba, als Katastrophe, bezeichnen. Statt gegeneinander wollen die Bewohner von Neve Shalom/Wahat al-Salam miteinander leben und tatsächliche Gleichberechtigung praktizieren.

Dialog zwischen Jüdinnen und Palästinenserinnen in der „Schule des Friedens"

„Seit 30 Jahren lehrt die Schule von Neve Shalom Wahat al-Salam unsere Kinder, sich zu entwickeln und erwachsen zu werden, [...] frei von der Angst vor anderen. [...] Die [erste Kindergruppe] hatte zwei Lehrer, Abed und Ety, der eine ein Araber, die andere eine Jüdin. [...] Es gab lediglich zwei tapfere Lehrer und die Dorfbewohner, ein paar Familien, die beschlossen hatten, zusammen zu leben. Die vertrauten dem „guten Menschen" in sich, sie glaubten an die gute Nachbarschaft, an Zweisprachigkeit, Gleichberechtigung und daran, dass es gut ist, über alles miteinander zu sprechen," so Samah Saleme.

*Z. 1–33 basierend auf israel & palästina II/2023, herausgegeben vom diAk e.V. im Verlag AphorismA, Z. 34–50 nach Ulla Philipps-Heck (Redaktion): Oase des Friedens. Neve Shalom – Wahat Al-Salam. Gemeinsam zum Frieden. In: israel & palästina II/2023, herausgegeben vom diAk e.V. im Verlag AphorismA*

**Webseite von Wahat al-Salam/Neve Shalom (auf Englisch)**

72470-024

### b Givat Haviva

Givat Haviva ist eine 1949 von der Kibbutzbewegung gegründete Bildungs- und Begegnungseinrichtung, die den Ausgleich sozialer Ungerechtigkeiten zwischen arabischer und jüdischer Bevölkerung in Israel zum Ziel hat. Das größte jüdisch-arabische Zentrum für Frieden, Demokratie und Koexistenz bringt Menschen beider Nationen zusammen mit dem Ziel, die Separierung der israelischen Bevölkerung zu überwinden.

**Koexistenz**
hier: nebeneinander und miteinander leben

„Perspektive: Jede/r sieht die Dinge anders!“ ist eine der Botschaften, mit denen Teilnehmende des Fotoprojekts „Through Others' Eyes“ für Toleranz und Akzeptanz werben.

Hebräischunterricht an einer arabischen Schule

### Entwicklungen seit dem 7. Oktober 2023

Mit dem Überfall der Hamas vom 7.10.2023 wurde die Mediationsarbeit von GH noch wichtiger, gleichzeitig aber auch schwieriger. Nur in den wenigen sogenannten „gemischten Städten“ wie Haifa und Jerusalem begegnen sich arabische und jüdische Israelis im Alltag. Wie aber soll man sich verstehen, wenn man keine Berührungspunkte hat und sich in der jeweils anderen Sprache nicht verständigen kann?

Mit dem Shared Language Programm bringt Givat Haviva Muttersprachler für gesprochenes Hebräisch in arabische Schulen und für gesprochenes Arabisch in jüdische Schulen. Die Lehrenden werden auf die interkulturelle Arbeit vorbereitet, weil das staatliche Bildungssystem die Bevölkerungsgruppen trennt. Gute Hebräischkenntnisse sind auf dem israelischen Arbeitsmarkt zudem von großer Bedeutung, weshalb auch das Bildungsministerium den Austausch von Lehrkräften unterstützt.

Viele weitere Projekte in den Bereichen Kultur und Bildung sorgen für binationale und internationale Verbindungen und dauerhafte Freundschaften. Dabei gilt das Grundprinzip der Gleichberechtigung und Parität für alle Beteiligten.



**Webseite von Freundeskreis Givat Haviva e. V.**

72470-025

## Aufgaben

72470-026

1. Erklärt die beiden Projekte in **M2** mit eigenen Worten. Wie soll jeweils Versöhnung erreicht werden?
2. Bewertet die Projekte in **M2**. Wird durch sie Frieden und Versöhnung möglich?
3. Es gibt noch viele weitere Friedensinitiativen. Drei weitere Beispiele sind die „Combatants for Peace“, „Standing Together“ und der „Parents Circle“ (→ QR-Code in der Randspalte). Teilt euch in drei Gruppen auf und informiert euch im Internet über die Arbeit der Organisationen. Stellt ihre Arbeit auf einem Plakat vor (→ Methodenglossar).

**Drei Friedensinitiativen**

72470-027

# 8. Der 7. Oktober 2023 und die militärische Reaktion Israels

## Wie soll auf Terrorismus reagiert werden?

Am 7. Oktober 2023 griffen die islamistische Hamas und andere bewaffnete Gruppen mit einem groß angelegten Terrorangriff Israel an, welcher neben den vielen Todesopfern das Gefühl von Sicherheit in Israel massiv erschütterte. Israel reagierte darauf mit einem Angriff seines Militärs in Gaza, um die Hamas zu vernichten. Seitdem wird in Israel, aber auch überall auf der Welt, diskutiert, ob der israelische Gegenangriff zu viele palästinensische Todesopfer fordert und wie eine angemessene Antwort auf Terroranschläge aussehen könnte.

### Einstiegsaufgabe

72470-028

Welcher Position stimmt ihr in **M1** a – b zu? Begründet spontan.

### M1 Der Terrorangriff der Hamas und der israelische Gegenangriff

Am 7. Oktober 2023 hat die Hamas aus dem Gazastreifen Israel angegriffen und mehrere Dörfer und ein Musikfestival überfallen. Mehr als 1.200 Menschen wurden dabei getötet und rund 240 Personen als Geiseln genommen. Israel hat auf diesen Terrorangriff mit einer umfassenden militärischen Offensive im Gazastreifen reagiert, die laut der dortigen Gesundheitsbehörde zu mehr als 39.000 Todesopfern geführt hat. (Stand: Juli 2024)

Hamas-Kämpfer feiern ihren Terroranschlag.

**a** „Der Terrorangriff der Hamas hat die Vernichtung Israels zum Ziel. Nur wenn die Hamas vollständig besiegt ist, können die Menschen in Israel wieder in Sicherheit leben."

**b** „Der israelische Gegenangriff bringt Israelis keine Sicherheit. Durch die vielen palästinensischen Toten und die Zerstörung des Gazastreifens wächst sogar die Unterstützung für die Hamas und für Terror gegen Israel."

*Bearbeiter*

## M2 Die Entwicklungen seit dem 7. Oktober 2023

### a Zeitleiste: Was ist passiert?

**7. Oktober 2023:** Die Hamas und andere bewaffnete Gruppen starten in den Morgenstunden des 7. Oktober einen Angriff auf Israel. Die palästinensischen Terroristen feuern mehrere Tausend Raketen auf Israel ab. Zeitlich überwinden Bewaffnete die Grenzposten des israelischen Militärs zwischen dem Gazastreifen und Israel und überfallen dort israelische Dörfer, Militärposten und ein Musikfestival, auf dem viele junge Israelis feiern. Die Hamas ermordet bei diesen Angriffen mehr als 1.200 Personen auf brutale Art und entführt rund 240 Personen, darunter Frauen, Kinder und ältere Menschen, in den Gazastreifen.

**8. Oktober 2023:** Der israelische Ministerpräsident Benjamin Netanjahu erklärt, dass Israel einen langen und schwierigen Krieg beginnen wird. Sein Ziel sei es, die Hamas zu vernichten und die Sicherheit für Israelis wiederherzustellen. Die israelische Armee beginnt bereits am 8. Oktober mit umfangreichen Luftangriffen auf den Gazastreifen. Zudem beschließt die israelische Regierung die Abriegelung des Gazastreifens und stellt die Versorgung mit Strom, Wasser und Lebensmitteln für die rund 2,4 Millionen palästinensischen Bewohner ein. Auf internationalen Druck lockert Israel die Blockade im Laufe des Oktobers.

**26. Oktober 2023:** Israel beginnt mit einer Bodenoffensive. Schon am 13. Oktober hatte Israel die Menschen des nördlichen Gazastreifens aufgerufen, das Gebiet zu verlassen. Israel teilt am 5. November schließlich den Gazastreifen in zwei Hälften. Später werden die Kämpfe weiter in den Süden ausgedehnt.

**22. November 2023:** Israel und die Hamas einigen sich auf einen Deal zur Freilassung der Geiseln. Die Vereinbarung sieht die Freilassung mindestens 50 lebender Geiseln vor. Im Gegenzug sollen 150 palästinensische Gefangene aus israelischer Haft entlassen werden. Zudem wird eine viertägige Feuerpause vereinbart, auch um die humanitäre Situation im Gazastreifen zu verbessern. Das Abkommen wird zunächst verlängert. Am 1. Dezember wird der Krieg jedoch fortgesetzt.

**24. Dezember 2023:** Der Sicherheitsrat der Vereinten Nationen fordert Israel dazu auf, humanitäre Hilfe für die notleidenden Menschen in den Gazastreifen zu lassen. Die UN warnen vor einer Hungersnot, es komme viel zu wenig an Nahrungsmitteln über die Grenze.

**13. August 2024:** Rund zehn Monate nach dem 7. Oktober dauert der Krieg weiter an. Die Hamas hält weiterhin mehr als 100 Geiseln im Gazastreifen fest. Die humanitäre Situation für die palästinensische Bevölkerung wird immer schlimmer. Nach Daten der Vereinten Nationen sind seit dem 7. Oktober im Gazastreifen rund 40.000 Menschen getötet und mehr als 90.000 verletzt worden. 90 % der Bevölkerung des Gazastreifens (rund 1,9 Mio. Menschen) musste ihre Wohnungen verlassen und fliehen. Die Infrastruktur des Gazastreifens (Wohnungen, aber auch Krankenhäuser und Universitäten) wurde großflächig zerstört.

Eine Familie beim Abendessen in den Ruinen ihres zerstörten Hauses im Gazastreifen

*Bearbeiter*

**b** Karte: Gaza-Krieg 2023–2024 (Stand: Juni 2024)

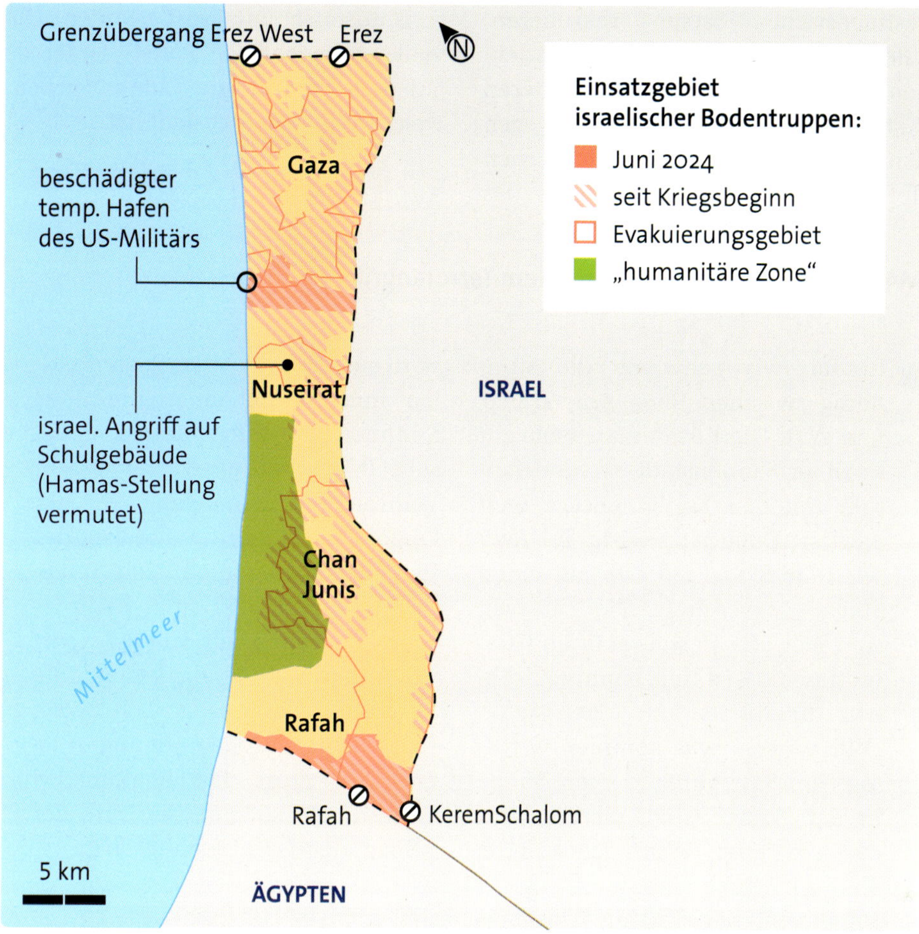


*Nach: picture alliance, 06.06.2024*

Anfang Mai 2024 eroberten israelische Truppen den Grenzübergang Rafah im Süden des Gazastreifens. Dieser verbindet den Gazastreifen mit Ägypten und wurde zum Transport von Waren und Menschen genutzt. Seitdem kontrolliert Israel alle Grenzübergänge des Gazastreifens und damit auch die Versorgung der Bevölkerung dort. Auch zehn Monate nach Kriegsbeginn kommt zu wenig humanitäre Hilfe in den Gazastreifen. Nach Angaben des Welternährungsprogrammes leiden rund 96 Prozent der Bevölkerung in Gaza unter Hunger, eine Million ist gar von katastrophalem Hunger betroffen.

## M3 Die terroristische Strategie der Hamas

Terror ist nicht blinde Gewalt. Terror ist Gewalt in politischer Absicht: Die Täter wollen Reaktionen im angegriffenen Staat und in seiner Gesellschaft provozieren, die sie ihrem Ziel näher bringen. Das hat auch das Massaker der Hamas Anfang Oktober gezeigt. Die Täter fielen in Südisrael ein, ermordeten 1200 Personen – Männer, Frauen, Kinder und Säuglinge. Nicht genug, sie dokumentierten ihre Brutalität auf Videos, die sie verbreiteten. Erst mit der öffentlichen Inszenierung der Gewalt entfaltet der Terror die volle Wirkung: Angst, Unsicherheit, Hass und den Wunsch nach Vergeltung. Die Hamas will die Zerstörung Israels. Dafür ist sie militärisch viel zu schwach. Sie ist aber stark genug, um mit ihrem Terror Israel einen Krieg aufzuzwingen. Terror ist eine Methode, die immer die Eskalation im Sinn hat. Die Hamas-Führer hoffen, dass der Krieg sich ausweitet – vom Gazastreifen auf das Westjordanland und wenn möglich auf die ganze Region.

Die Terroristen setzen darauf, dass die Antwort der israelischen Armee zu einer doppelten Mobilisierung führt. Tod und Zerstörung, Hoffnungslosigkeit und Demütigung in

**Mobilisierung**
die Ruhe beenden und aktiv werden

Gaza sollen eine neue Generation von Kämpfern und Terroristen für die palästinensische Sache rekrutieren. Gleichzeitig mobilisieren die Nachrichten und Bilder von der humanitären Katastrophe die „Weltmeinung" gegen Israel. […]. Seit Kriegsbeginn warnen Terrorismusexperten davor, dass das Kalkül der Hamas aufgehen könnte. Israel sollte die Mahnungen aus der Terrorismusforschung ernst nehmen. Die vielleicht wichtigste lautet: Israel ist auf dem Weg, in die Falle zu gehen, welche die Hamas gestellt hat.

*Ernst, Andreas: Wie Israel in die Falle der Hamas tappt. In: www.nzz.ch, 04.12.2023*

**Kalkül**
vorher ausgedachter Plan

## M4 Stimmen der Israelis nach dem Terrorangriff

**a**

In Tel Aviv schwankt die Stimmung zwischen Entsetzen, Trauer und Wut. Die Küstenmetropole gilt sonst als Sonnenstadt, wo der Konflikt mit den Palästinensern weit weg ist. Doch jetzt wirkt Tel Aviv wie eine Stadt, die sich auf einen Sturm vorbereitet. Die Strassen sind leer, die Restaurants und Cafés geschlossen, am Himmel dröhnen Kampfjets und Helikopter. „Wir wissen, was kommen wird", sagt ein Taxifahrer, dessen Söhne in der Armee sind. „Israel wird hart reagieren. Wenn ich könnte, würde ich auch kämpfen." […]
Netanyahu, der sich seit Jahren als Garant der Sicherheit inszeniert, wird sich noch ernsten Fragen stellen müssen. Schon jetzt gibt es Stimmen, die ihm vorwerfen, falsche Prioritäten gesetzt zu haben. Während er monatelang mit der Opposition über die Reform der Justiz stritt, konnten sich unbemerkt Tausende Hamas-Kämpfer im Gazastreifen auf einen Angriff vorbereiten. Das Entsetzen, die Wut und der Wunsch nach Rache für die erlittene Demütigung in Israel sind gross. Die Reaktion in Gaza dürfte so hart sein wie der Schlag, den Israel erhalten hat.

*Böhm, Daniel/von Schwerin, Ulrich: Entsetzen, Schock und Wut in Israel: „Ganz ehrlich: Wir sollten Gaza dem Erdboden gleichmachen". In: www.nzz.ch, 09.10.2023*

**b**

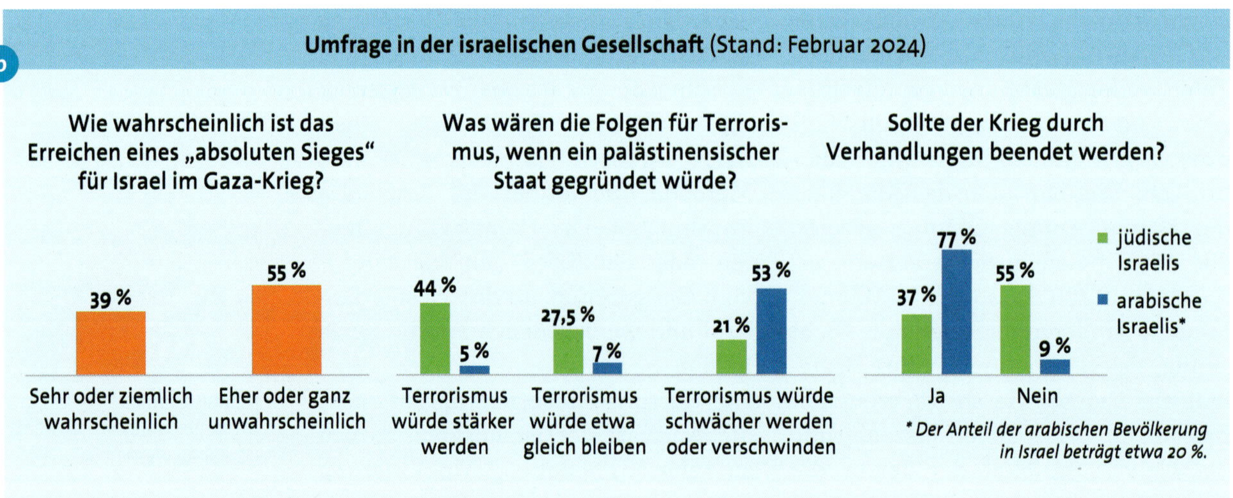


*©C.C. Buchner Verlag, Daten nach: Israel Democracy Institute (Datenerhebung: 2024; Grafikerstellung: 2024)*

## M5 Stimmen der palästinensischen Bevölkerung nach dem Terrorangriff

a

**SPIEGEL: Und auf der palästinensischen Seite?**

**Scheindlin:** [N]ach einer aktuellen Umfrage des Palestinian Center for Policy and Survey Research äußerten sich 85 Prozent der Befragten im Westjordanland mit der „Leistung" der Hamas in diesem Krieg zufrieden, im Gazastreifen waren es 52 Prozent. Auf die Frage, welche politische Partei sie generell unterstützten, sprachen sich 44 beziehungsweise 42 Prozent für die Hamas aus. Das deckt sich mit dem, was ich auch auf Basis meiner Gespräche, meiner Kontakte und meiner Erfahrung sagen kann: Die Unterstützung für die Hamas nimmt zu, aber mit deutlichen Unterschieden zwischen dem Westjordanland und dem Gazastreifen, wo die Menschen die Folgen der Hamas-Aktionen am eigenen Leib erfahren und eher zurückhaltende Unterstützung zeigen.

**SPIEGEL: Was bedeutet das?**

**Scheindlin:** Es bedeutet nicht unbedingt, dass die palästinensische Öffentlichkeit die Hamas liebt. Wir haben sehr umfangreiche und glaubwürdige Umfrageergebnisse aus der Zeit vor dem 7. Oktober, die zeigen, dass die Hamas an Unterstützung verloren hatte. Aber seit dem Massaker steigt die Zustimmung wieder. Das war zu Beginn auch durchaus vorhersehbar, denn auf eine Weise wird die Hamas heute als einzige Führungskraft der Palästinenser überhaupt wahrgenommen. Die Palästinensische Autonomiebehörde (PA) ist komplett von der Bildfläche verschwunden. Ihr Präsident Mahmoud Abbas ist geradezu dröhnend abwesend.

*Interview von Bernhard Zand mit der Politologin Dahlia Scheindlin: „Selbst Menschen, die eine Zweistaatenlösung unterstützen, halten sie nicht mehr für machbar". In: www.spiegel.de, 14.12.2023*

b

**Umfrage in der palästinensischen Gesellschaft** (Stand: Februar 2024)

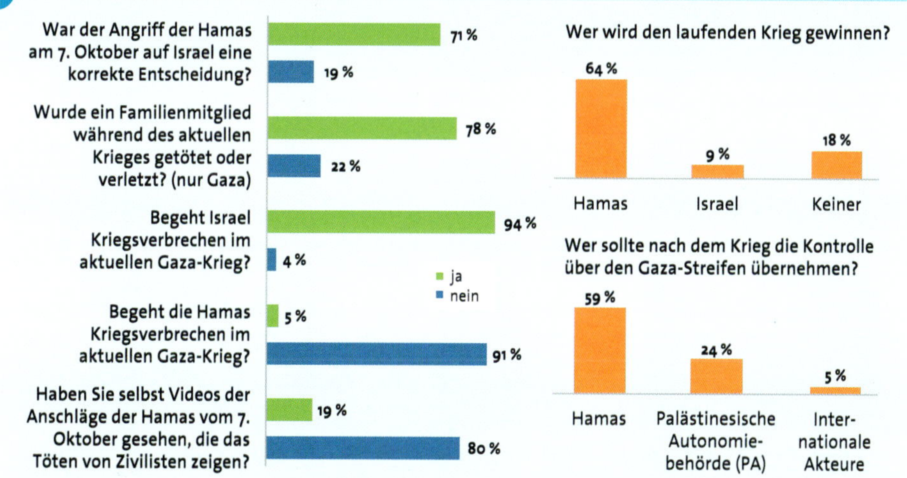


*©C.C. Buchner Verlag, Daten nach: Palestinian Center for Policy and Survey Research (Datenerhebung: 2024; Grafikerstellung: 2024)*

**c** [Der Palästinenser] Samer Sinijlawi, Anfang 50, [...] [sagt]: „Wir sehen in Gaza einen Horror, der jenseits des Vorstellungsvermögens liegt" [...]. „Die Menschen in Gaza sind im Schock, haben Angst, fragen sich, was ihr Schicksal sein wird. Und unter ihnen gibt es die, die ihre Wut nicht nur gegenüber den Israelis zum Ausdruck bringen. Die, die ihr Leben selbst in die Hand nehmen wollen und die eigene Führung fragen: Um Himmels willen, was habt ihr euch dabei gedacht?"

*Tikhomirova, Anastasia/Hentschke, Steffi: „Sie wollen die Welt wissen lassen: Auch wir sind Geiseln der Hamas". In: www.zeit.de, 20.02.2024*

## M6 Mögliche Reaktionen Israels auf die Terrorangriffe der Hamas

| Mögliche Handlungsoption | Vor- und Nachteile |
|---|---|
| Militärische Zerstörung der Hamas durch eine Bodenoffensive in Gaza | |
| Verfolgung und Festnahme der politischen und militärischen Führungspersönlichkeiten der Hamas | |
| Schutz der israelischen Bürgerinnen und Bürger durch eine Stärkung der Grenze zwischen Gaza und Israel | |
| Die internationale Unterstützung für die Hamas z. B. durch Waffenlieferungen oder Geld stoppen | |
| Zerstörung der Waffenlager und Produktionsanlagen der Hamas durch gezielte militärische Schläge | |
| Den Konflikt politisch und nicht militärisch lösen | |
| Soldaten anderer Staaten sollen in Gaza für Sicherheit sorgen | |
| ... | |

BITTE INS HEFT!

## Aufgaben

72470-029

1. Gebt die Ereignisse des 7. Oktobers 2023 und die israelische Reaktion mit eigenen Worten wieder (**M2**).
2. Erarbeitet die Strategie von Terrorismus (**M3**). Was war das Ziel der Hamas und inwiefern könnte Israel in deren Falle tappen?
3. Erarbeitet die Sichtweisen der israelischen und der palästinensischen Gesellschaft auf die Anschläge des 7. Oktober sowie die militärische Reaktion Israels (**M4**, **M5**).
4. Diskutiert: Verringert oder steigert die militärische Reaktion Israels die Gefahr von Terrorismus?
5. Simulation: Ihr seid Mitglieder der israelischen Regierung und entscheidet über eure Reaktion auf den Terrorangriff.
   - Erarbeitet die Vor- und Nachteile möglicher Handlungsoptionen (**M6**) mithilfe von **M1–M5**. Notiert auch weitere Möglichkeiten.
   - Diskutiert und entscheidet: Welche Handlungsoptionen wählt ihr aus?
   - Ende der Simulation: Analysiert und bewertet eure Entscheidung.

# 9. Frieden und Sicherheit

## Wann herrscht Frieden?

Der Wunsch, in Frieden zu leben oder Frieden zu erreichen, ist bei den meisten Menschen auf der Welt vorhanden. Auch beim Nahostkonflikt wird von vielen die Hoffnung auf Frieden nicht aufgegeben. Allerdings ist dabei nicht klar, was Frieden eigentlich genau heißt. Ihr sollt in diesem Kapitel verstehen, welche Arten von Frieden es gibt.

### Einstiegsaufgabe

72470-030

Erklärt die These in **M1**. Stimmt ihr der These zu?

### M1 Eine These: Was ist Frieden?

„Frieden ist da, wo kein Krieg ist!“

*Bearbeiter*

Schilder mit Krieg und Frieden

### M2 Wie lassen sich Frieden und Sicherheit definieren?

**a** Negativer und positiver Frieden

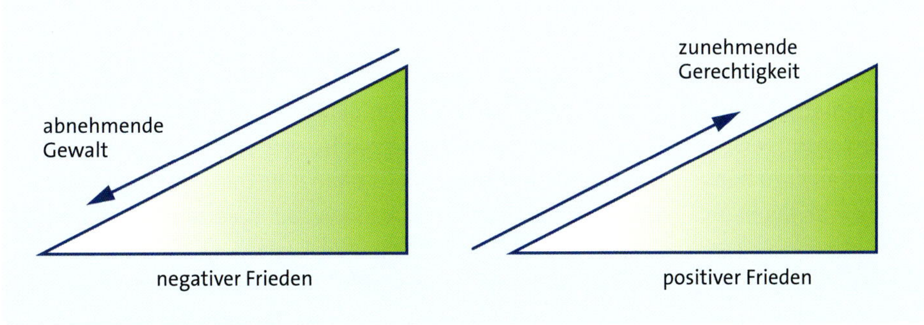


*Nach: Friedensbildung AKTUELL: Merkblatt – positiver und negativer Frieden nach Johann Galtung. In: www.friedensbildung-bw.de, Abruf am 15.05.2024*

### b Wandel des Friedens- und Sicherheitsbegriffs

In der Wissenschaft wird zwischen negativem und positivem Frieden unterschieden. Negativer Frieden beschreibt die Abwesenheit von Krieg oder direkter, physischer Gewalt. Positiver Frieden hingegen beinhaltet zusätzlich auch die Zunahme von Gerechtigkeit (z. B. Bekämpfung von Armut und Diskriminierung) und das friedliche Zusammenleben von Menschen innerhalb einer Gesellschaft und zwischen Staaten. Nur wenn die Ursachen von Gewalt beseitigt werden, kann ein dauerhafter Frieden erreicht werden. Dazu gehört beispielsweise, dass Ressourcen wie Land oder Wasser gerecht verteilt, Konflikte gewaltfrei ausgetragen werden und die Regierung sich an Gesetze hält. Frieden ist daher nicht nur eine Aufgabe für Politikerinnen und Politiker, sondern für alle Menschen.

Auch das Verständnis von Sicherheit hat sich im Laufe der Zeit verändert. Ganz ähnlich wie beim negativen Frieden wurde Sicherheit früher vor allem auf Staaten bezogen und meinte die Abwesenheit von Gewalt oder Krieg. Heute wird jedoch häufig ein erweiterter Sicherheitsbegriff verwendet. Im Mittelpunkt steht jetzt der Mensch: Umfassende Sicherheit ist erst dann erreicht, wenn die Menschenrechte verwirklicht sind, für alle Zugang zu Bildung, Ernährung und Gesundheit besteht und eine verantwortungsvolle Regierungsführung existiert. Daher wird auch von menschlicher Sicherheit gesprochen.

Mit diesem veränderten Sicherheitsbegriff wird auch klar, dass die Sicherheit Deutschlands von internationalen Entwicklungen abhängig ist. Die Auswirkungen von Gewaltkonflikten oder der Klimakrise betreffen nicht nur einzelne Länder, sondern haben weltweite Auswirkungen, zum Beispiel durch Migration oder durch die bedrohte Lieferung von Nahrungsmitteln aus aller Welt.

*Bearbeiter*

## M3 Wie kann Frieden gesichert werden?

*Frieden ist nicht schon dann erreicht, wenn die Waffen schweigen. Es ist eine große Herausforderung, Frieden dauerhaft zu sichern und menschliche Sicherheit zu erreichen. Aber es gibt einen Werkzeugkasten mit bewährten Instrumenten für verschiedene Situationen, die helfen können, dauerhaft Frieden zu schaffen.*

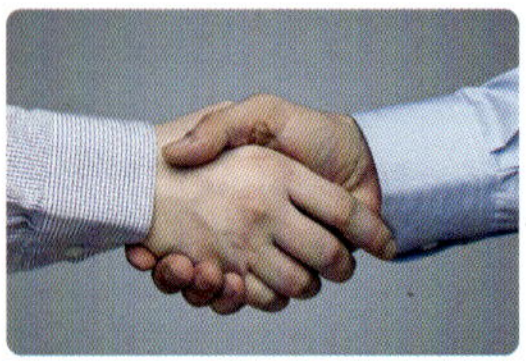

Diplomatie kann Kompromisse erreichen.

1 **Diplomatische Vermittlung:** Häufig können sich Konfliktparteien nicht alleine auf eine Lösung verständigen. Dafür braucht es Vermittelnde, welche die Konfliktparteien dazu bringen, Kompromisse einzugehen (Diplomatie). Diese internationalen Vermittlerinnen und Vermittler können dabei Sanktionen oder Anreize einsetzen. Sanktionen sind Maßnahmen, welche die Konfliktakteure bestrafen sollen, z. B. das Einfrieren von Konten oder den Stopp von Handel und Finanzhilfen. Anreize dagegen sind positive Mittel – wenn etwa den Konfliktparteien wirtschaftliche Hilfen für Schritte zum Frieden in Aussicht gestellt werden.

**2 (UN-)Friedenstruppen:** Um Friedensverträge durchzusetzen und dafür zu sorgen, dass sich alle Seiten an die Vereinbarung halten, können die Vereinten Nationen (→ Online-Kapitel zur UN) nach Beschluss des Sicherheitsrates Friedenstruppen in die Konfliktregion entsenden. Deren Aufgabe ist es, den Frieden zu schützen und zum Beispiel die Konfliktparteien zu trennen.

**3 Aufbau der Polizei:** Nach einem Krieg oder gewaltsamen Konflikt haben die Menschen oft Sorge um ihre Sicherheit. Es ist wichtig, dass die Polizei alle Bürgerinnen und Bürger gleichermaßen vor Gewalt schützt und fair arbeitet. Dafür braucht es Vertrauen in die Arbeit der Polizei. Nur so sind beispielsweise ehemalige Konfliktakteure bereit, ihre Waffen abzugeben.

Humanitäre Hilfe: Bewohner des Gazastreifens stehen an einer Essensausgabe an. März 2024

**4 Humanitäre Hilfe:** Kurzfristig braucht es nach Kriegen und Konflikten humanitäre Hilfe, um Menschen mit überlebenswichtigen Gütern wie Nahrungsmitteln oder Wasser zu versorgen.

**5 Aufbau der Wirtschaft:** Nach einem Konflikt ist es wichtig, dass alle Menschen eine Perspektive haben. Dafür braucht es eine funktionierende Wirtschaft, die Arbeitsplätze bietet. Zudem muss die Infrastruktur wiederaufgebaut werden. Oftmals sind soziale Ungleichheiten die Ursache von Konflikten, diese müssen beseitigt oder gelindert werden, um das erneute Aufflammen von Konflikten zu verhindern. Auch hierbei können internationale Organisationen und Staaten helfen.

**6 Zivilgesellschaft stärken:** Möglichst viele Menschen sollten sich für Frieden und Zusammenarbeit einsetzen. Damit Konflikte gewaltfrei ausgetragen werden, braucht es eine freie und aktive Zivilgesellschaft. In ihr engagieren sich Bürgerinnen und Bürger in Vereinen, Kirchen, Verbänden und anderen Organisationen. Sie kommen miteinander ins Gespräch und übernehmen durch ihren Einsatz und den Austausch miteinander Verantwortung für ein friedliches Miteinander in ihrem Land.

7 **Friedensbildung:** Kinder und Jugendliche lernen schon in der Schule, wie sie Konflikte gewaltfrei lösen können.

8 **Verständigungs- und Versöhnungsarbeit:** In Kriegen und Krisen werden viele Menschen zu Opfern und erleben Gewalt. Andere wiederum sind Täterinnen und Täter, die viel Leid verursacht haben. Diese Erfahrungen tragen oft zur Entstehung von Feindbildern bei. Um diese abzubauen und ein Zusammenleben zu ermöglichen, braucht es Versöhnungs- und Verständigungsprojekte.

*Bearbeiter*

## M4 Welche Art des Friedens kann im Konflikt erreicht werden? Eine Analyse

| Kategorie | Israelis | Palästinenser |
|---|---|---|
| Sicherheit (Schutz vor Gewalt und Krieg) | Bedrohung durch Terrorismus | Unsicherheit unter der Besatzung, Militärkontrolle |
| Zugang zu Wasser | vorhanden | Eingeschränkt, Kontrolle durch Israel |
| Zugang zu Ernährung | | |
| Bewegungsfreiheit | | |
| Teilhabechancen | | |
| … | | |

BITTE INS HEFT!

*Bearbeiter*

## Aufgaben

72470-031

1. Erarbeitet mithilfe von **M2** (a) und (b) den Unterschied zwischen positivem und negativem Frieden. Beantwortet anschließend die These in **M1** erneut.
2. Analysiert die Bedeutung des positiven Friedens und des erweiterten Sicherheitsbegriffs (**M2** (b)) für Deutschland.
3. a) Erklärt mit eigenen Worten die Werkzeuge zur Friedenssicherung (**M3**).
   b) Ordnet die Werkzeuge nach deren Wirksamkeit.
   c) Vergleicht und diskutiert eure Einschätzungen.

## Politik Aktiv

4. Welche Aspekte eines negativen und positiven Friedens (**M2** (b)) sind im Nahostkonflikt schon erfüllt? Welche müssen/sollten noch erfüllt werden?
5. Vervollständigt die Tabelle **M4**. Recherchiert dazu im Themenheft.
6. Findet auch weitere Kategorien. Präsentiert und vergleicht eure Ergebnisse.

# 10. Regelungsmöglichkeiten und -hemmnisse

## (Wie) Kann der Nahostkonflikt beendet werden?

Mehrmals wurde in der Vergangenheit schon versucht, den Nahostkonflikt friedlich zu beenden. Doch weder der UN-Teilungsbeschluss 1947, noch der Oslo-Friedensprozess in den 1990er-Jahren haben das geschafft. Ihr sollt in diesem Kapitel untersuchen, welche Möglichkeiten für eine friedliche Regelung des Konflikts heute diskutiert werden, welche Vor- und Nachteile sie jeweils haben und ob überhaupt eine Lösung in naher Zukunft erzielt werden kann.

### Einstiegsaufgaben

72470-032

1. Notiert diejenigen Möglichkeiten für eine Konfliktregelung in **M1**, denen ihr zustimmt könnt.
2. Fish-Bowl-Methode (→ Methodenglossar): Könnt ihr euch auf eine Konfliktregelung einigen?

### M1 Aspekte einer Konfliktlösung: Welchen stimmt ihr zu?

1. Die palästinensische Bevölkerung soll einen eigenen Staat bekommen.
2. Der palästinensische Staat soll eine eigene Armee haben.
3. Israel behält die Sicherheitskontrolle im Westjordanland, um gegen Terrororganisationen vorgehen zu können.
4. Die palästinensische Polizei ist für die Sicherheit zuständig und geht alleine gegen Terrororganisationen wie die Hamas vor.
5. Israel räumt alle Siedlungen in den besetzten Gebieten, auch gegen den Widerstand der Siedlerinnen und Siedler.
6. Die israelischen Siedlerinnen und Siedler sollen in einem Staat Palästina leben dürfen.
7. Die Grenze zwischen Israel und Palästina soll offen sein.
8. Alle sollen ihren Wohnort in beiden Staaten frei wählen können.
9. Jerusalem soll geteilt werden, Ost-Jerusalem mit der Altstadt wird die Hauptstadt Palästinas.
10. Jerusalem soll eine vereinte Stadt für alle bleiben.
11. Die palästinensischen Flüchtlinge dürfen in ihre Heimatorte vor 1948 zurückkehren.
12. Die Zahl der Flüchtlinge, die nach Israel zurückkehren darf, wird beschränkt, sodass Israel weiterhin eine jüdische Bevölkerungsmehrheit hat.
13. Die Zweistaatenregelung wird auf internationalen Druck durchgesetzt, auch wenn beide Bevölkerungsgruppen sie mehrheitlich nicht wollen.

*Bearbeiter*

## M2 Was sind die Hauptstreitpunkte für eine friedliche Regelung im Nahostkonflikt?

Karte: Die Geneva Initiative

72470-033

1 **Verlauf der Grenzen und Gründung eines palästinensischen Staates:** Seit dem Teilungsplan der Vereinten Nationen gilt die Zweistaatenregelung als realistische Möglichkeit zur dauerhaften Regelung des Konflikts. Die palästinensische Bevölkerung fordert einen eigenen Staat mit vollständiger Kontrolle über das Westjordanland, den Gazastreifen und Ost-Jerusalem. Für die israelische Seite stehen vor allem Sicherheitsfragen im Vordergrund. Sie fürchtet, dass ein palästinensischer Staat aufrüsten und Israel bedrohen könnte und verlangen daher, dass die die Palästinenserinnen und Palästinenser keine eigene Armee haben und Israel die Grenzen kontrolliert. Die palästinensische Seite glaubt, dass so die israelische Kontrolle anhält und eine wirtschaftliche Entwicklung Palästinas nicht möglich ist.

Karte: Der israelische Siedlungsbau

72470-034

2 **Siedlungen:** Die Siedlungen stellen ein Hindernis für einen zusammenhängenden Staat Palästina dar. Heute leben rund 700.000 Siedlerinnen und Siedler in mehr als 120 Siedlungen im ganzen Westjordanland. Die palästinensische Bevölkerung fordert, dass die illegalen Siedlungen geräumt werden, da diese zusammen mit dem Straßensystem das Westjordanland zerstückeln und palästinensische Entwicklung verhindern. Durch politischen Einfluss konnte eine Räumung bislang verhindert werden. Allerdings leben viele Siedlerinnen und Siedler nahe der Grenze zu Israel. Es wäre daher möglich, dass die großen Siedlungen dauerhaft zu Israel gehören und die Palästinenserinnen und Palästinenser im Tausch ein gleich großes Land von Israel bekommen.

3 **Jerusalem:** Beide Seiten erheben Anspruch auf Jerusalem als Hauptstadt und möchten Zugang zu den heiligen Stätten haben. Zwischen 1948 und 1967 war Jerusalem geteilt und Jüdinnen und Juden hatten keinen Zugang zur Altstadt und der Klagemauer. Nach der Eroberung 1967 hat Israel die gesamte Stadt zur Hauptstadt erklärt. Die Palästinenserinnen und Palästinenser erkennen dies aber nicht an, sie wollen Ost-Jerusalem als Hauptstadt eines palästinensischen Staates (→ Kap. 5, S. 35).

Zusatzmaterial: Das Scheitern des Friedensprozesses von Oslo

72470-035

4 **Flüchtlinge:** Im Krieg von 1948 flohen rund 700.000 Palästinenserinnen und Palästinenser oder wurden vertrieben. Die Vereinten Nationen haben in der Resolution 194 vom Dezember 1948 das Recht palästinensischer Flüchtlinge festgeschrieben, in ihre Häuser zurückkehren und in Frieden mit der Nachbarschaft leben zu dürfen. Israel lehnte eine solche Rückkehr aber ab. Heute leben etwa 5,9 Millionen registrierte palästinensische Flüchtlinge im Westjordanland, im Gazastreifen sowie in den arabischen Nachbarstaaten. Israel lehnt eine Rückkehr ab, da die jüdische Bevölkerung dann in Israel zu einer Minderheit werden könnte und Israel nicht länger ein jüdisch geprägter Staat wäre. Es existieren verschiedene Möglichkeiten der Regelung: So könnte die palästinensische Bevölkerung auf ihr Rückkehrrecht verzichten oder nur eine begrenzte Anzahl von Flüchtlingen nach Israel zurückkehren.

*Bearbeiter*

## M3 Welche Regelungsmöglichkeiten werden aktuell diskutiert?

### a Zweistaatenlösung:

Die Zweistaatenlösung erhält immer noch viel Zuspruch in Israel, bei den Palästinenserinnen und Palästinensern und auch international. Eine Zweistaatenlösung bedeutet, dass neben dem Staat Israel ein palästinensischer Staat geschaffen und anerkannt wird. Befürworter argumentieren, dass so beide Seiten ihr wichtigstes Ziel erreichen - einen eigenen Staat, in dem sie in Freiheit und Selbstbestimmung leben können. Nach den vielen Jahren des Konflikts mit Opfern auf beiden Seiten müssen Israelis und die palästinensische Bevölkerung zunächst getrennt werden, bevor über ein Zusammenleben nachgedacht werden könne. Allerdings müssen beide Seiten dafür Kompromisse eingehen und das Land teilen. Diese werden aber von manchen Gruppen abgelehnt, die Anspruch auf das ganze Land erheben. So wird z. B. die Räumung der Siedlungen abgelehnt, wodurch die Gründung eines lebensfähigen palästinensischen Staates erschwert wird. Religiöse Gruppen wie die Hamas wiederum erkennen die Existenz Israels nicht an.

*Bearbeitergrafik*

### b Einstaatenlösung:

Viele Palästinenserinnen und Palästinenser haben die Hoffnung auf einen eigenen Staat inzwischen aufgegeben. Manche fordern jetzt eine Einstaatenlösung. Nach dieser Idee sollen alle gemeinsam in einem demokratischen Staat leben und als Bürgerinnen und Bürger gleiche Rechte haben. Eine große Mehrheit der Israelis lehnt dies ab, da die jüdische Bevölkerung in einem solchen Staat zur Minderheit würde. Israel wäre dann kein „jüdischer Staat" mehr. Eine Alternative ist die binationale Einstaatenlösung, in der jüdische Israelis und die palästinensische Bevölkerung auch jeweils kollektive Rechte erhalten, wie etwa ein eigenes Schulsystem, religiöse Einrichtungen oder auch eine eigene Polizei. So sollen beide Seiten und ihre Rechte geschützt werden, sodass die Mehrheit nicht einfach gegen die Minderheit vorgehen kann. Aber auch dieses Modell setzt Vertrauen zwischen beiden Seiten voraus, das derzeit nicht vorhanden ist.

*Bearbeitergrafik*

### c Fortsetzung der aktuellen Situation (Status Quo):

Alle Versuche, eine Konfliktregelung durchzusetzen, sind bislang gescheitert. Die Gründe dafür sind vielfältig: In den entscheidenden Konfliktthemen gab es keine Einigung, Gegner von Kompromissen haben den Friedensprozess auch durch Gewalt zerstört und viele Vereinbarungen sind nicht umgesetzt worden. Auch die ungleiche

Stärke der beiden Konfliktparteien war ein Hindernis zu einer Friedensregelung. Heute haben viele Menschen beider Gruppen den Glauben an eine Friedensregelung verloren. Eine Fortsetzung der aktuellen Situation könnte auch deshalb sehr wahrscheinlich sein, weil eine endgültige Regelung für beide Konfliktparteien so bedeutende Kompromisse verlangt, dass sie lieber den Konflikt fortsetzen, als diese Kompromisse einzugehen.

**d (Kon-)Föderation:**
Die Anhänger einer Konföderation glauben, dass beide Bevölkerungen jeweils einen eigenen Staat brauchen, in dem sie souverän über ihr Leben entscheiden können. Eine Trennung der Bevölkerung und des Landes ist aber nicht möglich. Daher schlagen sie vor, dass zwei Staaten gegründet werden, die aber eine offene Grenze haben und in denen Bewegungsfreiheit für alle Bewohnenden des Territoriums besteht. Die Sicherheit würde gemeinsam geregelt. Der Vorteil dieser Lösung wäre, dass Jerusalem ungeteilte Hauptstadt beider Staaten werden könnte. Auch die Siedlungen müssten nicht unbedingt geräumt werden, sondern könnten im Staat Palästina fortbestehen. In einer Föderation wird das ganze Land z. B. in Kantone eingeteilt, in denen es entweder eine jüdische oder eine arabische Mehrheit gibt. Dies soll sicherstellen, dass beide Seiten ihr Selbstbestimmungsrecht ausüben und über ihre Angelegenheiten selbst entscheiden können. Zudem gibt es gemischte Kantone wie Jerusalem.

*Bearbeiter*

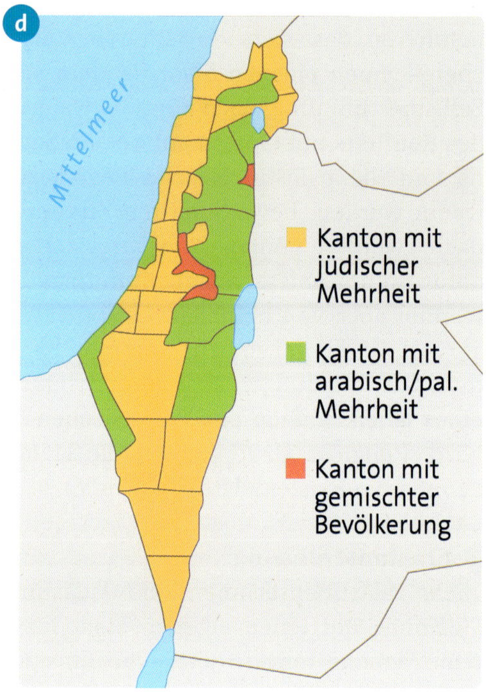


*Bearbeitergrafik*

## M4 Wie stehen die Chancen für eine friedliche Lösung des Konflikts?

**Tom Segev**
ist ein israelischer Historiker.

**1 Tom Segev**

„Ich sehe heute keine Lösung. Beide Völker wollen das ganze Land für sich. [...] Ich sehe einen Konflikt zwischen zwei Völkern, die beide ihre Identität durch das Land definieren, und zwar das ganze Land. Das heißt, dass jeder Kompromiss bedeuten würde, einen Teil der kollektiven Identität aufzugeben. Und ich sehe nicht, dass das passieren könnte. David Ben-Gurions Schlussfolgerung war daher einst, dass man diesen Konflikt nicht lösen kann. Man kann ihn nur managen."

*Interview von Juliane von Mittelstaedt und Özlem Topçu mit Tom Segev: „Die Begriffe Apartheid oder Kolonialismus verstehe ich als intellektuelle Faulheit". In: www.spiegel.de, 03.12.2023*

### 2 Muhammad Shehada

„Es darf aber keine Rückkehr zum Zustand vor dem 7. Oktober geben. Schon damals war Gaza nicht lebensfähig und die Bevölkerung hat gelitten. Es braucht ein Ende der Besatzung, egal ob in einer Zweistaaten-, Einstaaten- oder Konföderationslösung. Den Palästinensern ein freies, würdiges Leben zu gewähren, ist die einzige Möglichkeit, dass beide Völker endlich ohne Angst voreinander in Frieden als Nachbarn leben können.“

*Shehade, Muhammad: There's only one way to end Hamas' grip on power. [Übersetzung: Bearbeiter] In: www.haaretz.com, 30.01.2024*

**Muhammad Shehada**
ist ein palästinensischer Journalist.

### 3 Dahlia Scheindlin

„In dieser Situation nach dem 7. Oktober scheint die Abkehr von der Trennung und die Idee des Zusammenlebens verrückt. Aber in der Realität sind gerade die Versuche der Trennung spektakulär gescheitert. Beide Seiten lehnen eine Trennung ab, sie wollen Zugang zu religiösen Stätten haben und Jerusalem als ungeteilte Stadt erhalten. Die Versuche der Teilung haben nur die Extremisten gestärkt.“

*Bearbeiter, nach Scheindlin, Dahlia: Two Gaza wars: why the gulf between Israelis and outsiders is so vast, and jarring. [Übersetzung: Bearbeiter] In: www.haaretz.com, 27.12.2023*

**Dahlia Scheindlin**
ist eine isrealische Meinungsforscherin und Politologin.

### 4 Dmitry Shumsky

„Die Massaker vom 7. Oktober haben der selbstmörderischen Idee eines binationalen Staates ein Ende bereitet. Es waren gerade die Einstaatenrealität und die fehlende Trennung, die zu den Anschlägen vom 7. Oktober geführt haben. Sie haben gezeigt, wohin die Idee der „Koexistenz“ führt – in ein binationales Desaster. Die Zweistaatenregelung hingegen wurde nie wirklich versucht umzusetzen. Nur in zwei Staaten kann sich wirkliche Koexistenz entwickeln. Wir müssen daher das alte Konzept der Zweistaatenregelung wiederbeleben.“

*Bearbeiter, nach Shumsky, Dmitry: It's time to bury the suicidal notion of a binational state for Israel-Palestine. [Übersetzung: Bearbeiter] In: www.haaretz.com, 17.11.2023*

**Dmitry Shumsky**
ist Dozent für Geschichte des Zionismus und des modernen Nationalismus an der Hebräischen Universität Jerusalem.

## Aufgaben

72470-036

1. Erläutert die Hauptstreitpunkte des Konflikts (**M2**). Bei welchen Streitpunkten scheint es einfacher, bei welchen schwieriger, einen Kompromiss zu finden?
2. Erarbeitet die Regelungsoptionen in **M3**. Stellt die Vor- und Nachteile in einer Tabelle gegenüber.
3. a) Analysiert die Stimmen in **M4**.
   b) Begründet, welcher Position ihr zustimmt.

## # Politik Aktiv: Simulation einer Friedenskonferenz

4. Teilt die Klasse in eine israelische und eine palästinensische Delegation.
5. Entwickelt in eurer Delegation entlang von **M1–M3** einen möglichst konkreten Friedensplan.
6. Verhandelt gemeinsam über einen Friedensplan. Gelingt es euch?

**Hilfe zu Aufgabe 5**
Beachtet dabei, dass dieser Plan auch für die israelischen und palästinensischen Bürgerinnen und Bürger zustimmungsfähig sein muss.

# 11. Nahost – ein internationaler Konflikt?

## Wer hat welchen Einfluss auf die Konfliktakteure?

Nicht nur Israelis und Palästinenserinnen und Palästinenser, sondern auch andere Staaten und internationale Organisationen bemühen sich um eine friedliche Beendigung des Konflikts. Neben den USA als Großmacht spielen auch die arabischen Nachbarstaaten von Israel eine wichtige Rolle. Ihr sollt in diesem Kapitel die Interessen und Möglichkeiten dieser internationalen Akteure untersuchen und deren Einflusschancen diskutieren.

### Einstiegsaufgaben

72470-037

1. Beschreibt und interpretiert die Karikatur in **M1**.
2. Diskutiert, von welchem Staat die Hand in der Karikatur stammen sollte, um einen Friedensprozess zu ermöglichen.

**M1 Karikatur: Internationale Bemühungen um einen Friedensprozess im Nahostkonflikt**

*Karikatur: Mirco Tomicek, 2021*

## M2 Das besondere Verhältnis zwischen Israel und den USA

Die Beziehungen zwischen den USA und Israel sind besonders eng. Das Bündnis zwischen beiden Staaten besteht schon seit den 1960er-Jahren und wird von allen Parteien und Präsidenten unterstützt. Die USA haben sich dazu verpflichtet, die Sicherheit Israels zu garantieren. Dafür unterstützen sie Israel mit Militärhilfe. Zudem stehen sie häufig auch in internationalen Organisationen an der Seite Israels und verhindern Resolutionen gegen den israelischen Staat. Die Beziehungen basieren nicht nur auf gemeinsamen Sicherheits- und Wirtschaftsinteressen, sondern auch auf gemeinsamen Werten. Zugleich setzen sich die USA für die Zweistaatenlösung ein, da sie insgesamt einen stabilen Nahen Osten und keine militärische Eskalation wollen. Die Palästinenserinnen und Palästinenser haben lange das Engagement der USA akzeptiert, obwohl diese nicht unparteiisch sind. Sie haben gehofft, dass die USA genug Druck auf Israel ausüben und so eine Friedensregelung durchsetzen können. Da bislang alle Friedensbemühungen scheiterten, verloren viele Palästinenserinnen und Palästinenser das Vertrauen in die USA als Vermittler. Auch nach den Anschlägen des 7. Oktober 2023 haben die USA Israel unterstützt. Allerdings fordern manche Politikerinnen und Politiker, dass die USA die Unterstützung Israels davon abhängig machen, dass Israel das Völkerrecht einhält und eine Friedenslösung anstrebt.

*Bearbeiter*

## M3 Zentrale Akteure im Nahen Osten

**Ägypten** hat die Gründung des Staates Israel 1948 abgelehnt und die Zerstörung Israels als Ziel ausgegeben. Ägypten verstand sich als wichtigster arabischer Staat und organisierte den arabischen Widerstand gegen Israel. Nach militärischen Niederlagen gegen Israel setzte sich langsam eine neue Haltung durch, die die Existenz Israels akzeptierte. 1979 schlossen beide Staaten einen Friedensvertrag. Allerdings blieb es ein „kalter Frieden" zwischen den Regierungen, Tourismus und interkultureller Austausch entwickelte sich nicht. Viele Medien und die ägyptische Bevölkerung lehnen den Friedensvertrag ab und sympathisieren mit den Palästinenserinnen und Palästinensern. Die Zusammenarbeit beschränkt sich auf die Kooperation des Militärs und den Austausch von Geheimdienstinformationen oder die Kooperation im Energiesektor. Auch erhofft sich Ägypten bessere Beziehungen zu den USA. Der autoritär regierende ägyptische Präsident as-Sisi steht der islamistischen Hamas feindlich gegenüber, weil Islamisten in Ägypten auch für seine Regierung eine Bedrohung darstellen. Allerdings möchte Ägypten keineswegs palästinensische Flüchtlinge aufnehmen und vermittelt zwischen Israel und der Hamas, beispielsweise um die israelischen Geiseln vom 7. Oktober freizubekommen. Zudem drängt Ägypten auf eine Zweistaatenregelung, erst dann seien bessere Beziehungen zu Israel möglich.

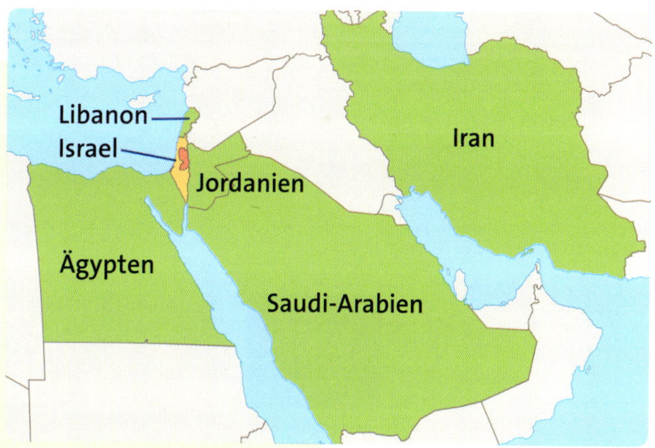


Einflussreiche Akteure im Nahen Osten

**Jordanien** hat 1994 einen Friedensvertrag mit Israel geschlossen. Jordanien ist eng mit der palästinensischen Bevölkerung verbunden, bis 1967 wurde das Westjordanland und Ost-Jerusalem vom jordanischen Königshaus beherrscht. Inzwischen hat Jordanien jedoch alle Ansprüche aufgegeben und unterstützt die Gründung eines palästinensischen Staates. Das Friedensabkommen sah eine Zusammenarbeit in vielen Bereichen vor, unter anderem bei der Verteilung von Wasser aus dem Jordan. Allerdings haben sich die Hoffnung auf ein wichtiges Wirtschaftswachstum für Jordanien nicht erfüllt. In der Zivilgesellschaft gibt es viel Protest gegen den Frieden mit Israel. Mehr als 50 % der jordanischen Bevölkerung sind palästinensischer Abstammung. Auch wenn die Flüchtlinge die jordanische Staatsbürgerschaft bekommen haben, identifizieren sie sich noch immer mit den Palästinenserinnen und Palästinensern. Der jordanische König muss auf diese Forderungen Rücksicht nehmen. Er fordert ein Ende des Gaza-Krieges und die Gründung eines palästinensischen Staates, andernfalls droht er mit einem Abbruch der Beziehungen.

Der **Libanon** ist ein Land, in dem viele verschiedene Religionsgemeinschaften zusammenleben. Immer wieder kommt es dort zu Konflikten um Macht, Ressourcen und die Ausrichtung des Staates (die Christen etwa konnten sich ein Bündnis mit Israel vorstellen). Zwischen beiden Staaten ist der Grenzverlauf bis heute umstritten. 1982 wurde die Hisbollah gegründet, eine schiitische bewaffnete Organisation und gleichzeitig politische Partei im Libanon. Sie hat sich zum stärksten Akteur im Land entwickelt, mit einer starken Miliz und modernen Waffensystemen. Die Hisbollah versteht sich als Widerstandsbewegung gegen Israel. Sie hat wiederholt gegen Israel gekämpft und kooperiert mit der Hamas und dem Iran. Nach dem 7. Oktober 2023 ist es auch an der Grenze zwischen dem Libanon und Israel zu militärischen Auseinandersetzungen zwischen ihr und dem israelischen Militär gekommen. Ein vollständiger Krieg konnte bislang aber verhindert werden.

**Saudi-Arabien** ist das größte Land auf der arabischen Halbinsel und aufgrund seines Ölreichtums besonders einflussreich. Seit dem Ende des Zweiten Weltkriegs haben sich enge Beziehungen zwischen den USA und Saudi-Arabien entwickelt. Als Hüter der Heiligen Stätten in Mekka und Medina spielt auch die Religion eine wichtige Rolle für die saudischen Könige. Traditionell unterstützt Saudi-Arabien die Palästinenserinnen und Palästinenser, für den neuen de facto Herrscher und Kronprinzen Mohammed Bin Salman sind aber wirtschaftspolitische Interessen zuletzt wichtiger geworden. Zudem konkurrierte das sunnitische Saudi-Arabien mit dem schiitischen Iran um Einfluss in der Region. Mit Israel bestehen keine diplomatischen Beziehungen, allerdings gibt es durchaus gemeinsame Interessen (zum Beispiel gegen den Iran). Saudi-Arabien fordert jedoch Sicherheitsgarantien von den USA und Zugeständnisse der Israelis gegenüber den Palästinenserinnen und Palästinensern, bevor diplomatische Beziehungen aufgenommen werden können. Sollte es zu einer politischen Regelung kommen, könnte Saudi-Arabien mit anderen arabischen Staaten auch den Wiederaufbau im Gazastreifen mitfinanzieren.

Der **Iran** ist ein großer nicht-arabischer Staat. Seit Ende der 1970er-Jahre versteht sich der Iran als islamische Republik. Feindseligkeit gegenüber Israel gehört seitdem zur Ideologie des Staates. In den letzten Jahrzehnten hat der Iran seinen Einfluss in der Region ausgedehnt. Dabei ist die sogenannte „Achse des Widerstandes“ entstanden, ein Bündnis zwischen dem Iran, Syrien und regionalen Organisationen wie der Hamas, der Hisbollah im Libanon oder den Huthis im Jemen, die vom Iran mit Geld und Waffen unterstützt werden. Der Iran lehnt eine Normalisierung der Beziehungen mit Israel ab. Zugleich hat der Iran ein Atomprogramm entwickelt. Experten erwarten, dass Iran in kürzerer Zeit über Atomwaffen verfügen und damit Israel bedrohen könnte. Der Iran konkurriert mit arabischen Staaten wie Saudi-Arabien um die Vorherrschaft in der Region, erkennt Israel nicht an und lehnt jegliche Friedensinitiativen ab. Nach einem israelischen Angriff auf ein iranisches Botschaftsgelände in Syrien hat der Iran im April 2024 erstmals direkt Israel mit Raketen und Drohnen angegriffen. Ein Krieg konnte vorerst verhindert werden.

*Bearbeiter*

## M4 Wie kann die Rolle internationaler Staaten analysiert werden? Ein Raster zur Analyse

| | | Staat XX | Staat XY |
|---|---|---|---|
| Interesse | Welche eigenen Interessen (z. B. Sicherheit, Frieden, ökonomische Kooperation, Ressourcen) haben die externen Akteure? | | |
| Position zum israelisch-palästinensischen Konflikt | Welche Haltung nehmen sie zu den Streitfragen im israelisch-palästinensischen Konflikt ein? | | |
| Beziehungen zu den Konfliktparteien | Wie sind die Beziehungen zu den Konfliktparteien? Werden die externen Akteure durch die Konfliktparteien als Vermittelnde akzeptiert und genießen sie Vertrauen? | | |
| Druckmittel | Welche Druckmittel (Sanktionen, diplomatischer Druck, Abbruch von Beziehungen) haben die externen Akteure? | | |
| Anreize | Was können die Akteure den Konfliktparteien anbieten, damit diese Kompromisse machen? | | |



*Bearbeiter*

## M5 Frieden mit der arabischen Welt? Arabische Friedensinitiative versus Abraham Accords

### 1 Arabische Friedensinitiative

Die Arabische Liga, eine Vereinigung arabischer Staaten, verabschiedete im Jahr 2002 auf Initiative von Saudi-Arabien die arabische Friedensinitiative. Diese beinhaltete folgende Punkte:
Sie fordert von Israel den Rückzug aus allen seit 1967 besetzten Gebieten, eine gerechte Lösung für die palästinensischen Flüchtlinge und die Anerkennung eines souveränen palästinensischen Staates mit Ost-Jerusalem als Hauptstadt.
Im Gegenzug erklären die arabischen Staaten den arabisch-israelischen Konflikt für beendet, nehmen Beziehungen mit Israel auf und schaffen so Sicherheit für alle Staaten in der Region.

Abraham Accords (engl.) = Abraham Abkommen

Die Abraham Accords werden in Washington, USA, unterzeichnet.

### 2 Abraham Accords

Die Abraham Accords wurden im Jahr 2020 unter Vermittlung des amerikanischen Präsidenten Donald Trump zwischen Israel und den Vereinten Arabischen Emiraten und Bahrain geschlossen. Später haben sich noch andere Staaten wie Marokko oder der Sudan angeschlossen. Die Abraham Accords beinhalten unter anderem folgende Punkte:
Die beteiligten arabischen Staaten nehmen diplomatische Beziehungen mit Israel auf und vereinbaren Zusammenarbeit in den Bereichen Wirtschaft, technologische Entwicklung und Nachhaltigkeit. Auch in sicherheitspolitischen Bereichen (Militär und Geheimdienste) werden Kooperationen vereinbart.
Die Unterzeichner der Abraham Accords verpflichten sich, weiter an der Regelung des israelisch-palästinensischen Konflikts zu arbeiten.

*Bearbeiter*

## Aufgaben

72470-038

1. Analysiert mithilfe des Rasters (**M4**) die Rolle der USA (**M2**) und der Nachbarstaaten Israels (**M3**). Füllt die Tabelle aus und vergleicht: Welche Länder können einen Beitrag zu einer Konfliktregelung leisten? Welche Länder haben ein Interesse an einer Eskalation?
2. Diskutiert, ob die USA der geeignete Akteur für eine Friedensregelung sind.
3. a) Erarbeitet die Unterschiede zwischen der Arabischen Friedensinitiative und den Abraham Accords (**M5**).
   b) Diskutiert, welches Format geeigneter ist, um für Frieden zu sorgen.
4. Beurteilt die Einflussmöglichkeiten internationaler Staaten im Konflikt.

**Online-Kapitel: Die UN – Wie (ohn)mächtig ist die Weltgemeinschaft bei der Herstellung von Frieden?**

72470-039

**Hilfe zu Aufgabe 4**
Recherchiert dazu auch zu aktuellen Entwicklungen.

# 12. Deutsche Außenpolitik

## Welche Rolle soll Deutschland bei der Konfliktregelung spielen?

Auch für Deutschland und in Deutschland ist der Nahostkonflikt wichtig. Immer wieder äußern sich Mitglieder der Bundesregierung und andere Politikerinnen und Politiker zum Konflikt. Sie kritisieren, sichern ihre Unterstützung zu oder machen eigene Lösungsvorschläge. Dabei ist sowohl in Deutschland als auch in der israelischen und palästinensischen Bevölkerung sehr umstritten, welche Rolle Deutschland in diesem Konflikt überhaupt einnehmen soll. Ihr sollt diese Frage in diesem Kapitel aus verschiedenen Blickwinkeln diskutieren.

### Einstiegsaufgaben

72470-040

1. Erklärt die unterschiedlichen Positionen zum Nahostkonflikt in **M1**. Inwiefern stehen diese im Widerspruch zueinander?
2. Welcher Position in **M1** würdet ihr am ehesten zustimmen? Begründet und diskutiert eure Auffassungen.

### M1 Diskussion: Welche Position sollte die deutsche Regierung im Nahostkonflikt einnehmen?

**a** Deutschland sollte aufgrund seiner Vergangenheit immer auf der Seite von Israel stehen.

**b** Deutschland sollte sich klar für die Rechte der Palästinenser einsetzen.

**c** Deutschland sollte sich im Nahostkonflikt neutral verhalten und beide Seiten unterstützen.

## M2 Leitlinien der deutschen Außenpolitik

Das Ziel von Außenpolitik ist es allgemein, dass Staaten versuchen, eigene Interessen und Ziele gegenüber anderen Staaten und internationalen Organisationen zu verwirklichen. Die deutsche Außenpolitik ist dabei vor allem geprägt durch die Erinnerung an die deutsche Geschichte und die besondere Verantwortung für die Zeit des Nationalsozialismus. Sie wird deshalb oft als „Nie-wieder-Politik" bezeichnet. Im Grundgesetz ist dies abzulesen an den Vorgaben, sich für die universellen Menschenrechte (Art. 1 GG) und Frieden (Art. 24 GG) einzusetzen und dem Verbot eines Angriffskrieges (Art. 26 GG). Stattdessen darf sich Deutschland in ein „System kollektiver Sicherheit" (Art. 24 GG) einordnen. Es ist deshalb zum Beispiel Mitglied in der UN oder der NATO. Wichtig für die deutsche Außenpolitik sind die transatlantischen Beziehungen zu den USA, das gemeinsame Vorgehen in der Europäischen Union sowie das Eintreten für die Sicherheit des Staates Israel. So sagte die ehemalige Bundeskanzlerin Angela Merkel 2008 im israelischen Parlament: „Diese historische Verantwortung ist Teil der Staatsräson meines Landes. Das heißt, die Sicherheit Israels ist für mich als deutsche Bundeskanzlerin niemals verhandelbar".

Die deutsche Außenpolitik legte ihren Schwerpunkt immer auf Diplomatie, die Einhaltung internationalen Rechts und wirtschaftliche Zusammenarbeit (→ M3). Eine aktive Rolle des Militärs wurde aufgrund der deutschen Vergangenheit lange zurückgewiesen. Erst seit 1993 beteiligt sich die Deutsche Bundeswehr – auch durch den Wunsch der internationalen Gemeinschaft – mehr an internationalen Einsätzen zur Schaffung und Sicherung von Frieden. Eine Stärkung der Bundeswehr und der Verteidigungsbereitschaft wird insbesondere seit dem Beginn des russischen Angriffskrieges gegen die Ukraine 2022 diskutiert („Zeitenwende").

*Bearbeiter*

**Kollektive Sicherheit**
Mehrere Staaten schützen sich gegenseitig bei Angriffen von anderen; keine Alleingänge.

## M3 Möglichkeiten und Mittel von Außenpolitik

**a Diplomatie**

- Verhandlungen
- Verträge
- Bündnisse
- Gespräche

**b Militär**

- Beteiligung der Bundeswehr an internationalen Friedenseinsätzen
- Verteidigungsbereitschaft
- Waffenlieferungen

**c Wirtschaft**

- Sanktionen (Strafmaßnahmen, z. B. Verbot für die Einfuhr von Waren)
- Wirtschaftsbeziehungen
- Entwicklungshilfe

*Bearbeiter*

## M4 Wie ist das Verhältnis von Deutschland zu ...

### ... Israel?

**a**

Auswärtiges Amt

# Deutschland und Israel: Bilaterale Beziehungen

04.01.2024 – Artikel

Deutschland steht in einem einzigartigen Verhältnis zu Israel. Dies ist begründet durch die Verantwortung Deutschlands für die Shoa, dem systematischen Völkermord an etwa sechs Mio. Juden Europas in der Zeit des Nationalsozialismus. Seit der Aufnahme diplomatischer Beziehungen am 12. Mai 1965 haben sich die deutsch-israelischen Beziehungen sowohl auf offizieller Ebene als auch im zivilgesellschaftlichen Bereich kontinuierlich intensiviert und vertieft.

Die einzigartigen Beziehungen zwischen Deutschland und Israel sind ein Grundpfeiler der deutschen Außenpolitik. Deutschland steht ein für das Existenzrecht des Staates Israel. Es fördert als aktiver Partner in der EU die Friedensbemühungen im Nahen Osten und setzt sich weiterhin für eine Zwei-Staaten-Lösung ein.

*Auswärtiges Amt: Deutschland und Israel: Bilaterale Beziehungen. In: www.auswaertiges-amt.de, 04.01.2024*

### ... den palästinensischen Gebieten?

**b**

Auswärtiges Amt

# Palästinensische Gebiete: Beziehungen zu Deutschland

04.01.2024 – Artikel

Deutschland trägt zum Aufbau eines zukünftigen palästinensischen Staates im Rahmen einer zwischen den Konfliktparteien verhandelten Zwei-Staaten-Lösung bei. Zu den Schwerpunkten der deutsch-palästinensischen Stabilisierungs- und Entwicklungszusammenarbeit zählen der Aufbau einer palästinensischen Zivilpolizei, der Schutz der territorialen Integrität und der palästinensischen Bevölkerung im Westjordanland, nachhaltige Wirtschaftsentwicklung inklusive Beschäftigungsförderung vor allem für Jugendliche, Bildung und Berufsbildung sowie die Förderung lokaler Regierungsführung und Zivilgesellschaft.

Deutschland ist der größte humanitäre Geber in den Palästinensischen Gebieten. Deutschland unterstützt humanitäre Organisationen bei der Bereitstellung von dringend benötigter humanitärer Hilfe in den Palästinensischen Gebieten.

*Auswärtiges Amt: Palästinensische Gebiete: Beziehungen zu Deutschland. In: www.auswaertiges-amt.de, 04.01.2024*

## M5 Stimmen und Meinungen zur Haltung Deutschlands im Nahostkonflikt

**a** „Wenn die Existenz Israels bedroht wird, müssen wir für Israels Existenz einstehen – uneingeschränkt. Denn es ist das Land, das für Jüdinnen und Juden nach einer im Holocaust gipfelnden, uralten Verfolgungshistorie, endlich zur sicheren Heimstatt werden sollte. Deswegen gibt es kein ‚ja, aber', mit dem die Gräuel der Hamas relativiert werden könnten. Und es darf auch kein ‚ja, aber' bei der Solidarität mit Israel geben. Umso wichtiger ist es, die Beschwörung unserer Staatsräson nicht zur Floskel verkommen zu lassen. [...] Israel hat das völkerrechtlich verbriefte Recht, sich zu verteidigen. Dazu zählt auch eine Bodenoffensive gegen die Hamas. Das heißt für uns: Israel muss von Deutschland bekommen, was immer das Land jetzt benötigt."

**Johannes Vogel (FDP)** ist Mitglied des Deutschen Bundestages.

*Gastbeitrag von Johannes Vogel: Deutschlands rote Linie. In: www.zeit.de, 24.10.2023*

**Benjamin Hammer** ist Journalist und arbeitet für den Deutschlandfunk.

**b** „Natürlich braucht Israel jetzt unsere Solidarität. Das Land befindet sich noch immer in einem Zustand von Trauma und Schock. Die Berichte freigelassener Geiseln, darunter Kinder, führen noch einmal vor Augen, wie brutal die Terroristen der Hamas vorgehen. [...] Dass deutsche Politiker in dieser Lage ein klares Zeichen der Solidarität mit Israel setzen, ist wichtig und richtig. Doch gerade enge Verbündete sollten auch kritische Fragen an Israel richten. Wie ein Freund, der sich Sorgen macht und gerade deshalb die Dinge offen ausspricht. [...] Auf die Besatzung und das Völkerrecht zu verweisen, wird [in Deutschland oft] als ein ‚Ja, aber' interpretiert, das angeblich die unbedingte Solidarität mit Israel in Frage stellt. Dieser verengte Blick fällt auch Beobachtern in anderen Ländern auf. [...] Wir brauchen in Deutschland einen differenzierteren Begriff von Solidarität mit Israel."

*Hammer, Benjamin: Wir brauchen einen differenzierten Begriff von Solidarität. In: www.deutschlandfunk.de, 02.12.2023*

**Thorsten Benner** ist Direktor des Global Public Policy Institute (GPPi) in Berlin.

**c** „Es ist [...] an der Zeit, die Staatsräson-Formel zu überdenken. [...] [E]s würde den Weg freimachen für eine bessere Diskussion und auch für einen differenzierteren Blick von außen auf die real existierende deutsche Israel-Politik. Sergey Lagodinsky, deutsches Mitglied des Europaparlamentes [...]: „Etwas ist grundlegend falsch mit einer Welt, die nicht beides schafft: palästinensische Menschen und Opfer zu betrauern und jüdische Opfer anzuerkennen und die Komplexitäten anzuerkennen, mit denen beide Völker konfrontiert sind und mit denen sie kämpfen." Diesen Komplexitäten werden wir besser gerecht, wenn wir von der hergestellten Fraglosigkeit der Staatsräson Abschied nehmen."

*Gastbeitrag von Thorsten Benner: Die Unvernunft der Staatsräson. In: www.zeit.de, 12.02.2024*

## Aufgaben

72470-041

1. Erarbeitet die Leitlinien der deutschen Außenpolitik (**M2**). Veranschaulicht diese mithilfe der Mittel in **M3**.
2. Vergleicht die Beziehungen Deutschlands zu Israel und zu den palästinensischen Gebieten (**M4** a und b).
3. Erläutert die Stimmen zur deutschen Haltung im Nahostkonflikt (**M5**). Inwiefern unterstützen oder kritisieren sie diese?
4. Ihr seid ein Vertreter/eine Vertreterin der Bundesregierung: Schreibt und haltet eine Rede zur deutschen Außenpolitik gegenüber Israel/Palästina und präsentiert eure konkreten Handlungen (**M3**).
5. Kommentiert die Statements (**M5**) aus israelischer/palästinensischer Sicht.
6. Diskutiert: Welche Haltung sollte Deutschland im Konflikt einnehmen?

## # Politik Aktiv

7. Recherchiert aktuelle Äußerungen deutscher Politiker und Politikerinnen zum Nahostkonflikt. Stellt diese in einer Präsentation zusammen.
8. Analysiert, ob diese Äußerungen eher pro-Israel, pro-Palästina oder neutral sind.

**Online-Kapitel: Außenpolitik der EU – Gemeinsames Handeln – getrenntes Handeln?**

72470-042

# Unterricht mit KI

**Worum geht es?**

Künstliche Intelligenz (KI) ist aus unserem Alltag nicht mehr wegzudenken. Auch in der Schule kommt man nicht umher, die Verwendung von KI zu thematisieren. Im Folgenden soll anhand von zwei Beispielen die Arbeit mit KI ins Zentrum des Unterrichts gestellt werden.

**Geht dabei so vor:**

## Beispiel 1: Von der KI erstellte Kommentare/Beurteilungen analysieren

1. **Die KI eine Beurteilung schreiben lassen.**
Gib z. B. folgenden Prompt ein:
   - Bewerte die israelische Besatzung im Westjordanland. Berücksichtige dabei unterschiedliche israelische und palästinensische Perspektiven.

2. **Das Ergebnis der KI analysieren.**
   - Prüfe die Bewertung darauf, ob sie sachlich richtig ist.
   - Prüfe die Bewertung darauf, ob tatsächlich die verschiedenen Perspektiven in eine Gesamtbewertung einfließen.
   - Prüfe darauf, ob die KI eine Seite im Konflikt bevorzugt.

3. **Den Prompt aus Schritt 1 verändern und auch diese Ergebnisse analysieren.**
   - Bewerte die israelische Besatzung im Westjordanland aus israelischer Perspektive.

Hinweis:
Die gängigen KI-Modelle sind so programmiert, Informationen und Perspektiven neutral und objektiv zu präsentieren. Ihr Ziel ist es, eine ausgewogene Darstellung zu bieten und verschiedene Sichtweisen zu berücksichtigen, ohne eigene Meinungen oder Vorurteile einzubringen. Allerdings sind die Daten, mit denen die KI trainiert wird, selbst nicht neutral. Wenn sich in ihnen bestimmte Sichtweisen häufen, so können auch Ergebnisse der KI eher diese Sichtweisen und Argumente widerspiegeln.

## Beispiel 2: Die KI als Diskussionspartner nutzen

**1 Mit einem Prompt einen Diskussionspartner in der KI erstellen.**

Gib z. B. folgende Prompts in der KI ein:

a) Du bist ein nationalreligiöser israelischer Siedler. Du lebst mit deiner Familie im Westjordanland, nahe der Stadt Hebron. Du arbeitest in Tel Aviv. Wie siehst du die Besatzung? Gib eine kurze Antwort.

b) Was hältst du aus deiner Sicht als israelischer Siedler von der Zwei-Staaten-Lösung? Gib eine kurze Antwort.

c) Aus meiner Sicht ist die Zwei-Staaten-Lösung die beste Lösungsidee. Dazu müssten auch Siedlungen geräumt werden. Was hältst du davon? Gib eine kurze Antwort.

↓

**2 Den Dialog mit der KI analysieren.**

- Prüfe die Antworten der KI darauf, ob sie sachlich richtig sind.
- Prüfe die Antworten der KI darauf, ob diese tatsächlich die geforderte Sichtweise zeigen.
- Prüfe darauf, ob die KI in der Diskussion neutral und objektiv bleibt.

*Bearbeiter*

## # Eine Positionslinie bilden

**Worum geht es?**

Mithilfe einer Positionslinie können Einstellungen körperlich zum Ausdruck gebracht werden. Dies kann in jedem größeren Raum geschehen, z. B. in eurem Klassenraum.

**Geht dabei so vor:**

1. Vorbereitung

Auf einer gedachten oder durch einen Klebestreifen auf dem Boden markierten Linie positionieren sich die Schüler zu einer Frage oder zu einem Problem. Die Enden dieser Linie stellen alternative Pole (ja/nein; stimmt/stimmt nicht), der Abstand zwischen diesen Punkten entsprechend abgestufte Positionen dar.

2. Durchführung

Die Schüler werden dann aufgefordert, ihre Positionen zu begründen und sich auch argumentativ aufeinander zu beziehen.

*Scholz, Lothar: Spielerisch Politik lernen. Methoden des Kompetenzerwerbs im Politik- und Sozialkundeunterricht, Frankfurt/M, 2003, S. 114*

## # Ein Wandplakat erstellen

**Worum geht es?**

Ein Wandplakat bietet die Möglichkeit gelernten Inhalt zu visualisieren.

**Geht dabei so vor:**

1. Vorbereitung

Haltet das Wichtigste fest. Hierbei können euch folgende Materialien helfen:

- Bilder, Tabellen, Fotos ...
- Kurze Informationstexte

2. Gestaltung

- Klare, saubere, deutliche Schrift
- Keine Rechtschreibfehler
- Farben verwenden, die auch von weitem gut erkennbar sind
- Raum gut aufteilen (nicht dicht gedrängt)

*Nach: Klippert, Heinz: Methodentraining. Übungsbausteine für den Unterricht, Weinheim und Basel: Beltz Verlag 1999, S. 168*

# # Eine Fishbowl-Diskussion durchführen

**Worum geht es?**

Diese Methode der Diskussionsführung hat den Vorteil, dass Mitglieder, die sonst in einer großen Gruppe nicht zu Wort kommen, jederzeit ihre Meinung äußern und aktiv mitdiskutieren können. Teilnehmende, die keine Lust mehr haben, aktiv mitzudiskutieren, können aussteigen und von außen zuhören. Dadurch bleibt die Diskussion stets aktiv.

**Geht dabei so vor:**

## 1 Vorbereitung

In einer Fishbowl-Diskussion haben jeweils drei Pro-Positionen und Kontra-Positionen der Fragestellung wie auch die Moderation (2 Personen) feste Plätze am Tisch. Zwei weitere Plätze können zur Diskussion einzelner Aspekte vom fachkundigen Publikum zeitweise besetzt werden, um neue Gesichtspunkte einzubringen oder konkrete Fragen zu stellen.

## 2 Durchführung

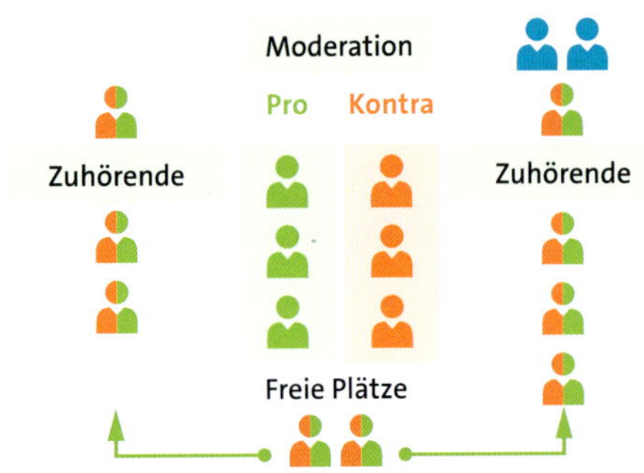


1. Macht euch mit dem Thema und der Problemstellung vertraut: Worum geht es genau? Führt in einer Abstimmung ein erstes Meinungsbild herbei und haltet es fest.
2. Bildet Gruppen für die kontroversen Positionen. Es empfiehlt sich, diese Gruppen per Los oder nach dem Zufallsprinzip zusammenzustellen.
3. Mithilfe geeigneter Materialien setzen sich die Gruppen mit „ihren" Positionen auseinander. Dabei werden auch Gegenargumente gewürdigt. Anschließend verständigen sich die Gruppen auf ihre Vertreter in der Fishbowl-Diskussion. Die anderen fungieren als Zuhörende, die sich aber in die Diskussion einschalten können.
4. Zwei bereiten sich auf ihre Aufgabe als Diskussionsleitung (Moderation) vor.
5. Für die Durchführung ist es notwendig, eine geeignete Sitzordnung herzustellen (siehe Schaubild).
6. Die Moderation führt in das Thema ein, stellen die Vertreterinnen und Vertreter vor, erklären den Ablauf, eröffnen die Diskussion, erteilen und entziehen das Wort, achten auf die Zeit und beenden die Diskussion. Daraufhin halten die Gruppensprecherinnen und -sprecher jeweils ein kurzes Eingangsstatement (max. 1 Minute). Anschließend erfolgt in Rede und Gegenrede der Austausch der Argumente und Gegenargumente (ca. 20 min.).
7. Möchten Zuhörende sich in die Diskussion einschalten, so setzen sie sich auf einen freien Stuhl. Nachdem sie/er das Wort erhalten und ggf. eine Antwort bekommen hat, verlässt sie/er diesen wieder.
8. In der Auswertung fordert die Moderation die Zuhörenden auf, mitzuteilen, welche Argumente sie überzeugt haben und die dahinter stehenden Werte zu reflektieren. Auch den Ablauf der Veranstaltung sollen sie bewerten.
9. Abschließend lösen sich alle von ihren Rollen, und es wird eine zweite Abstimmung durchgeführt. Das Ergebnis wird mit dem ersten Meinungsbild verglichen, Unterschiede werden hinterfragt.

# # Präsentation in einem Galeriespaziergang

**Worum geht es?**

So könnt ihr aus eurer Schule eine Galerie machen: Einzelne von euch oder Gruppen stellen Ergebnisse aus, die sie zuvor in einer Arbeitsphase erarbeitet haben. Die anderen haben die Möglichkeit, einen „Galeriespaziergang“ zu unternehmen. Dabei könnt ihr an den ausgestellten Ergebnissen vorbeispazieren, die Ergebnisse betrachten und vielleicht auch Fragen dazu stellen.

**Geht dabei so vor:**

## 1 Vorbereitung

- Nummeriert eure Plakate, damit ihr sie in der Auswertungsphase gut auseinanderhalten könnt.
- Wählt dazu pro Gruppe eine Person, die in der Nähe von eurem Plakat steht und es bei Bedarf erklären kann. Wechselt euch zwischendrin ab, damit jeder auch die anderen Ergebnisse anschauen kann.
- Verabredet eine Zeit, z. B. 20 Minuten, die ihr für euren Galeriespaziergang nutzen wollt. Haltet diese verabredete Zeit unbedingt ein, damit ihr anschließend gemeinsam ein Auswertungsgespräch führen könnt.

↓

## 2 Eindrücke notieren

Damit ihr im Anschluss an euren Galeriespaziergang nicht alles vergessen habt, ist es sinnvoll, sich ein paar Notizen zu machen (siehe Tabelle in der Randspalte). Ihr könnt weitere Kriterien ergänzen.

| | Plakat 1 | Plakat 2 | Plakat 3 | ... |
|---|---|---|---|---|
| Layout | | | | |
| Idee / Originalität | | | | |
| Aussage | | | | |
| ... | | | | |

Bitte ins Heft!

↓

## 3 Plakate ausstellen

Hängt nun eure Plakate im Klassenzimmer oder zum Beispiel im Flur eurer Schule aus. Ihr solltet den Platz so wählen, dass er frei zugänglich ist, d. h. jeder sollte sich problemlos davorstellen und die Plakate betrachten können. Der Galeriespaziergang kann beginnen.

↓

## 4 Plakate beurteilen

Nun könnt ihr auf der Basis der eigenen Notizen entscheiden, welche(s) Plakat(e) in Bezug auf die Aufgabenstellung besonders gut gelungen ist bzw. sind. Bedenkt, dass einem Urteil immer eine sachliche Begründung zugrunde liegen sollte.

*Bearbeiter*

# # Ein Streitgespräch führen (Pro- und Kontra-Diskussion)

**Worum geht es?**

Im Streitgespräch wird eine strittige Frage von allen Seiten untersucht. Es geht darum, verschiedene Argumente für die Pro- bzw. Kontra-Seite aus unterschiedlichen Perspektiven zu sammeln und sich damit kritisch auseinanderzusetzen. Bevor ihr die Diskussion durchführen könnt, müsst ihr euch gründlich mit dem Thema beschäftigen und euch in eure Position einarbeiten.

**Geht dabei so vor:**

### 1 Vorbereitung

- Teilt euren Kurs in eine Pro- und eine Kontra-Gruppe auf. Bereitet euch in den Gruppen auf die Diskussion vor, indem ihr die Argumente herausarbeitet. Bestimmt in jeder Kleingruppe, wer euer Sprecher oder eure Sprecherin später in der Diskussion sein soll.
- Bestimmt ein oder zwei Personen, die durch die Diskussion führen.
- Die restlichen Schülerinnen und Schüler des Kurses bilden die Beobachtenden. Sie verfolgen die Diskussion mithilfe von Beobachtungsaufträgen genau.

### 2 Durchführung

1. Eine Moderatorin oder ein Moderator führt mit einigen Sätzen in das Thema ein, begrüßt die Teilnehmenden und eröffnet die Diskussionsrunde.
2. Die Sprecherinnen und Sprecher erläutern ihren Standpunkt, verteidigen ihre jeweilige Position und versuchen, Gegenargumente zu entkräften. Die Moderation achtet dabei auf ein striktes Abwechseln der Rednerinnen und Redner und die Einhaltung der angegebenen Redezeit (max. 3 Min. pro Redebeitrag).
3. Die Beobachtenden verfolgen nach vorher festgelegten Kriterien die Diskussion.
4. Die Moderation leitet die Schlussrunde ein. Jede Sprecherin und jeder Sprecher formuliert ein Abschlussstatement.

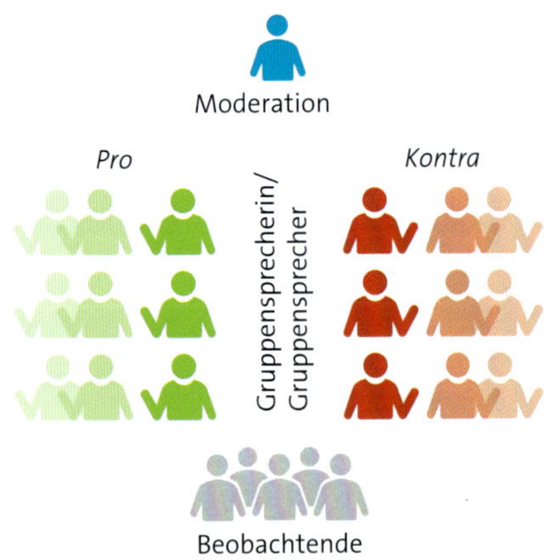


### 3 Auswertung

- Alle Teilnehmenden der Diskussion äußern sich zu ihren Gefühlen und Eindrücken während der Diskussion.
- Die Beobachtenden geben den Diskutierenden mithilfe ihrer Beobachtungsaufträge Rückmeldungen zum Diskussionsverhalten und zum Inhalt.

*Bearbeiterin*

# Eine Karikatur analysieren

**Worum geht es?**

Karikaturen sind zeichnerische Kommentare zu aktuellen gesellschaftlich-politischen Problemen. Karikaturisten „überzeichnen", übertreiben und verzerren Situationen, sodass Schwachstellen durch Humor und Witz entlarvt werden. Ihr Ziel ist es, Kritik zu üben, z. B. an politischen Programmen, Personen und Entscheidungen. Karikaturen sind meistens nur verständlich, wenn der Hintergrund des momentanen politischen Geschehens bekannt ist.

**Geht dabei so vor:**

1 Beschreibung

- Wie ist die Karikatur aufgebaut? (Bild-, Textelemente)
- Wen oder was zeigt die Karikatur?
- Welche Darstellungsmittel werden gewählt? (Zeichenstil, Ausdruck ...)

2 Deutung

- Auf welches (aktuelle) Problem nimmt der Zeichner Bezug?
- Wer oder was genau wird kritisiert?
- Wessen Standpunkt wird verteidigt?
- Wer ist der Adressat?
- Welchen Standpunkt nimmt der Karikaturist ein?

3 Bewertung

- Worin ist dem Karikaturisten zuzustimmen?
- Was ist dem Karikaturisten entgegen zu halten?
- Wie ist die Qualität der Karikatur einzuschätzen?

*Bearbeiter*

# Statistiken, Diagramme und Schaubilder analysieren

**Worum geht es?**

Die Statistik ist eine Zusammenfassung vieler verschiedener Daten. Die Daten können zum Beispiel sein: Anzahl von Menschen, Deutschen, Kindern, Frauen, Männern oder Höhe von Einkommen, Schulden, Taschengeld und vieles mehr. Die Zusammenfassung der Daten (Statistik) wird mithilfe von Diagrammen oder Schaubildern dargestellt. Sie sind oft sehr unterschiedlich aufgebaut.

**Geht dabei so vor:**

### 1 Bestimme das Thema und die Darstellungsform

- Bestimmung des Themas: Schaue zunächst auf die Überschrift des Diagramms/des Schaubilds. Hier finden sich meist die gesuchten Informationen.
- Bestimmung der Darstellungsform: Es gibt verschiedene Arten von Diagrammen:

a) **Balken- und Säulendiagramme:** Diese Diagramme können verschiedene Zahlenwerte gut miteinander vergleichen,
b) **Linien- und Kurvendiagramme:** Diese Diagramme können zeitliche Entwicklungen gut darstellen.
c) **Kreis-, Kuchen- oder Tortendiagramme:** Diese Diagramme können unterschiedliche Anteile an der Gesamtmenge gut aufzeigen.

### 2 Beschreibe das Diagramm oder das Schaubild

- In welcher Maßeinheit sind die Zahlenwerte angegeben? Handelt es sich um absolute Zahlen? Dann steht dort z. B. „in Tausend“ oder „in Millionen“.
- Welcher Zeitpunkt oder Zeitraum ist dargestellt?
- Woher kommen die Zahlen, was ist als Quelle der Darstellung angegeben?

### 3 Analysiere und beurteile das Diagramm oder Schaubild

- Was zeigen die Zahlen und Daten? Gibt es Besonderheiten oder Auffälligkeiten?
- Ist die Form der Darstellung korrekt?
- Wie ist die Aussage des Schaubilds/Diagramms in das Thema einzuordnen?

*Bearbeiter*

a)

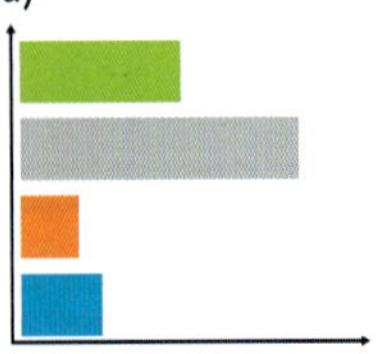

Balkendiagramm

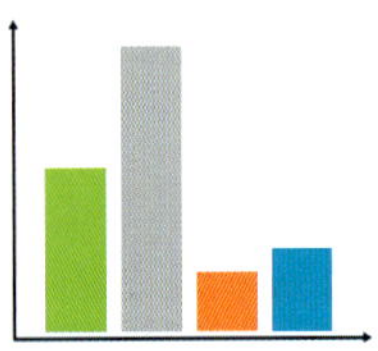

Säulendiagramm

b)

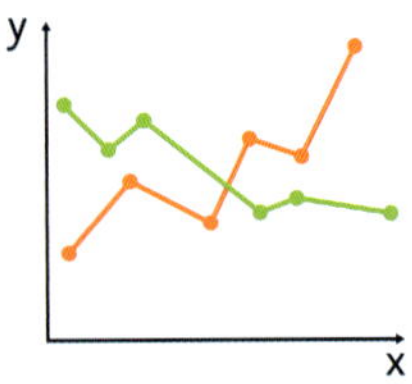


Liniendiagramm

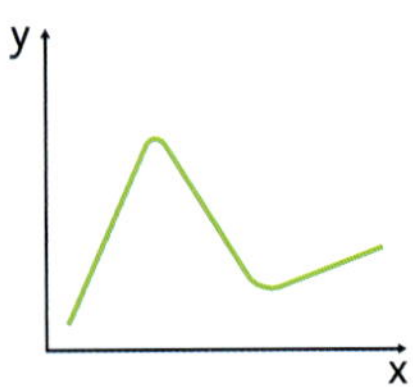


Kurvendiagramm

c)

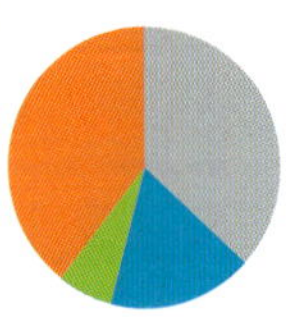

Kreis-/Kuchen-/
Tortendiagramm

# Register

# Bildnachweis

AdobeStock / bluedesign – S. 53; - / erllre – S. 7; AdobeStock / Lukas – Cover; ARD / tagesschau.de – S. 63; © ARD-aktuell / tagesschau.de – S. 70; © Daniel Bar-Tal – S. 30; Getty Images Plus / iStockEditorial, ZZ3701 – S. 20; - / iStockphoto, Anastasiia_M – S. 64; - / iStockphoto, Burak Ceyhan – S. 64; - / iStockphoto, iZhenya – S. 26, 27, 28 (2), 29 (2), 67 (2); - / iStockphoto, JackF – S. 14; - / iStockphoto, Nastco – S. 54; - / iStockphoto, Patiwit – S. 65; - / iStockphoto, PeterEtchells – S. 63; - / iStockphoto, VanReeel – S. 64;- / iStockphoto, vector simple style. – S. 26, 27, 28 (2), 29 (2), 67 (2); Givat Haviva Deutschland e.V. – S. 46 (2); Barbara Habner, Koblenz, aus: www.fotografieundreisen.de/der-tempelberg-heilig-und-umstritten/; zuletzt abgerufen: 19.06.2024 – S. 19; imago images / ABACAPRESS – S. 55; - / BeckerBredel – S. 70; - / Sabine Gudath – S. 70; - / Arnulf Hettrich – S. 16; - / Smith – S. 15; - / teutopress – S. 69; - / UPI Photo – S. 28; - / ZUMA Wire, Mahmoud Issa – S. 48; Instagram / aryeshalicar – S. 12; - / coach_cecil – S. 12; - / trtdeutsch – S. 11; - / zeitimbild – S. 11; KNA / Rainer Fröhlich – S. 27; - / isotype.com, Harald Woblick – S. 33; laif / Corinna Kern – S. 6; © mr-kartographie, Gotha Erstveröffentlichung: Informationen zur politischen Bildung, Nr. 336, 1/2018, Israel, Bundeszentrale für politische Bildung/bpb, Bonn – S. 31; Peter Palm, Berlin – S. 18, 39; picture-alliance / Anadolu, Omar Qattaa – S. 22; - / AP, JIM PRINGLE – S. 26; - / AP Photo, Sebastian Scheiner – S. 33; - / ASSOCIATED PRESS, Moti Milrod – S. 6; - / dpa, David_Rubinger_Via_Israeli_Government_Press_Office – S. 27; - / dpa, dpa Grafik, dpa-infografik GmbH – S. 6, 49; - / dpa, dpaweb, epa afp – S. 29; - / dpa, epa Gov. HO – S. 26; - / dpa, Isaac_Harari – S. 40; - / dpa, Ilia Yefimovich – S. 38; - / dpa, Felix Zahn – S. 36; - / newscom, YURI GRIPAS – S. 66; - / NurPhoto, Gili Yaari – S. 37 (2); - / photothek, Thomas Koehler – S. 6; - / REUTERS, Ammar Awad – S. 34; - / REUTERS, MUAMMAR JAMEL AWAD – S. 34; - / REUTERS, Handout – S. 34; - / REUTERS, RANEEN SAWAFTA – S. 38; - / ZUMAPRESS.com, Wisam Hashlamoun – S. 42; - / ZUMAPRESS.com, Yousef Masoud – S. 6; - / ZUMAPRESS.com, Ahmed Zakot – S. 47; School for Peace (SFP) at Neve Shalom - Wahat al-Salam (NSWAS) – S. 45; Toonpool / Waldemar Mandzel – S. 25; - / Mirco Tomicek – S. 62; X / Screenshot nach: CORRECTIV.Faktencheck (KI generiert) – S. 8.

**Mediencodes**

Peter Palm, Berlin – S. 58 (72470-033), 58 (72470-034)
picture-alliance / REUTERS, EDUARDO MUNOZ – S. 66 (72470-039)
picture-alliance / Anadolu, Ashraf Amra – S. 66 (72470-039)
picture-alliance / ASSOCIATED PRESS, Yuki Iwamura – S. 66 (72470-039)
Kostas Koufogiorgos, Stuttgart – S. 66 (72470-039)
Toonpool / Harm Bengen – S. 70 (72470-042)
Shutterstock / Wirestock Creators – S. 70 (72470-042)
picture-alliance / dpa, Kay Nietfeld – S. 70 (72470-042)
picture-alliance / dpa, REUTERS, Pool New – S. 70 (72470-042)
Shutterstock / Alexandros Michailidis – S. 70 (72470-042)
IMAGO IMAGES/ ZUMA Wire – S. 70 (72470-042)